Keep calm
et réussis tes exams

Éditions Eyrolles
61, bd Saint-Germain
75240 Paris Cedex 05
www.editions-eyrolles.com

Mind Mapping et sketchnotes : Isabelle Pailleau
Illustration de la page 114 : Johanne Berdah Bénistant

ISBN : 978-2-416-00179-6

Audrey AKOUN • Isabelle PAILLEAU

Keep calm et réussis tes exams

Le livre qui motive les jeunes (et le tien aussi)

Éditions
EYROLLES

Sommaire

Préambule

Le chapitre où l'on va te dire pourquoi on a écrit ce livre

Jeune, nous avons écrit le chapitre qui suit surtout pour expliquer à tes parents notre démarche. Si au bout de quelques phrases, tu trouves ça trop pénible à lire (parce qu'on n'a pas le droit d'écrire « chiant »), passe directement à la page 17 concernant le mode d'emploi du livre et continue ta route.

Le constat qui ne fait pas trop rigoler et qui fait même un peu peur

Il y a trois ans, quelqu'un est venu nous demander d'écrire un livre sur notre drôle de façon d'aider les gens à se sentir mieux dans leur vie et dans leur travail. Cette personne éclairée est celle qui nous oblige régulièrement à écrire des livres, notre éditrice et amie Gwen. Le thème était vaste et nous avons choisi de commencer à écrire pour les parents qui s'arrachaient les cheveux avec les devoirs de leurs enfants[1]. C'était le plus urgent car les petits enfants, de la maternelle au primaire, qui ont des parents

1. Audrey Akoun, Isabelle Pailleau, *Apprendre autrement avec la Pédagogie Positive*, Eyrolles, 2013.

détendus, joyeux et en confiance ont de meilleures chances, plus tard, de supporter le collège et le lycée.

Quand il a fallu donner un nom à notre « méthode », nous avons choisi de coller deux mots qui reflètent bien notre pensée et notre façon de faire : la Pédagogie Positive. C'était plutôt cohérent pour deux psy qui ont fondé une entreprise qui s'appelle la Fabrique à Bonheurs.

Une fois l'urgence passée et les graines de Pédagogie Positive semées aux quatre coins du monde, nous avons eu à cœur d'écrire un livre pour les adultes[1], avec ou sans enfant, pour leur dire d'arrêter de se mettre la pression, et d'arrêter de la mettre aux autres car ça ne fait du bien à personne ces choses-là. C'est même plutôt dangereux.

Combien de personnes, jeunes et moins jeunes, voire vieilles, avons-nous vu arriver dans notre cabinet très mal en point, rongées par le stress, démotivées, malades, déprimées, etc. ? Beaucoup, beaucoup trop !

Face au succès de la Pédagogie Positive, nous avons reçu énormément de demandes de lecteurs (parents et enseignants) démunis face aux difficultés de leurs lycéens et jeunes adultes étudiants. Ils avaient besoin de conseils spécifiques pour mieux accompagner ces ados. Il est alors devenu évident pour nous d'écrire un livre spécialement pour les lycéens et les étudiants, leurs parents et leurs enseignants, qui reprend les principes de la Pédagogie Positive en répondant aux problématiques liées à cette tranche d'âge.

D'autant plus nécessaire qu'il correspond à notre réalité de praticiennes et de mamans d'adolescents et de jeunes adultes.

---

1. Audrey Akoun, Isabelle Pailleau, *Je dis enfin stop à la pression*, Eyrolles, 2020.

Nous répétons souvent que nous sommes dans un système franco-français qui met toujours le focus sur ce qui ne fonctionne pas, plutôt que d'optimiser les forces, les capacités et les talents. Système qui pointe du doigt les faiblesses de chacun et déploie une énergie folle pour y remédier. Un système qui exige une performance continue, qui normalise, nivelle, lisse, dépersonnalise au nom de principes, de normes et de règles appelés « l'éducation à la française », fantôme d'une noblesse élitiste, poussiéreuse et déconnectée des réalités du monde actuel.

Nous rencontrons de plus en plus de parents angoissés quant à l'avenir de leurs enfants. Cette angoisse démarre dès que l'enfant met le pied à l'école et ne fait qu'augmenter d'année en année et au gré des obstacles rencontrés sur le parcours scolaire. La pression s'intensifie avec l'entrée au lycée, et plus le jeune s'approche d'APB[1], plus la famille entière tremble avec un gros risque de pétage de plomb.

Les parents et les enseignants sont souvent confrontés aux difficultés croissantes dans le monde professionnel. Surcharge de travail, organisation du travail parfois délirante, environnement hostile, pression en termes de résultats, d'échéances, etc. sont autant d'éléments qui font peser une pression négative sur les adultes. Quand il n'est pas question de chômage et d'insécurité sociale…

Les adultes véhiculent, inconsciemment, le message morose et alarmiste suivant : « Si tu ne fais pas d'études et surtout si tu ne fais pas les "bonnes études", ça va être dur, avec tout le chômage qu'il y a ! » Du coup,

1. Admission Post-Bac.

tout se joue très tôt. Faut pas se louper. Faut un bon dossier pour obtenir une bonne prépa. Pour obtenir un bon dossier, faut un bon lycée… donc un bon dossier au collège… donc des bonnes notes… donc faut bien suivre… faut pas se rater au CP… En fait, tout est joué à la première glissade du toboggan de la crèche… Si tu la loupes, t'as tout loupé ! Humour caustique (noir), mais pas très loin de la réalité, non ?

Dans un environnement de travail où les personnes ont de moins en moins l'impression d'avoir la main sur leur activité, et où elles perdent parfois le sens de leur action, nous observons que le contrôle se renforce dans la sphère privée, notamment avec une pression sur le travail scolaire des enfants et une attente de réussite élevée.

Les enseignants aussi subissent cette pression descendante. Ils sont investis, par la société et par les parents, de la mission, ô combien difficile, d'aider les élèves à acquérir des connaissances et des compétences qui leur permettront de s'insérer professionnellement à l'issue du parcours, d'une vingtaine d'années maximum, qui va de la maternelle jusqu'aux diplômes de fin d'études. Ils subissent à double titre la pression descendante aussi bien à un niveau professionnel que personnel. En tant que professionnels d'abord, en termes d'objectifs avec une responsabilité énorme sur les épaules et en termes de moyens avec des classes surchargées et un manque de moyens matériels. Et sur un plan plus personnel ensuite, car la réussite ou l'échec de leurs élèves vient les atteindre au plus profond de leur confiance dans leurs capacités d'enseignants.

Nous retrouvons les mêmes éléments de pression transposés aux apprentissages scolaires : surcharge de travail ou d'activités, obligation de bons résultats, rapidité d'ingestion des connaissances, perfectionnisme, etc. Cette pression a un effet pervers : elle crée chez les adultes des attentes démesurées envers leurs jeunes et une fixation sur les notes et l'orientation.

La réussite scolaire devient l'enjeu suprême et envahit les relations familiales. C'est ainsi que les parents mettent le paquet en entraînant, tels des athlètes de haut niveau, leurs jeunes à grand renfort de soutien scolaire, consommateur de temps, d'énergie et d'argent.

La réussite scolaire à tout prix

La réussite scolaire occupe la première place des préoccupations parentales.

La phrase que nous entendons le plus souvent de la part des jeunes que nous rencontrons est : « De toute façon, mes parents, ils s'en foutent de moi, il n'y a que les notes qui comptent. »

Comme nous l'avons déjà souligné dans notre livre *Apprendre autrement avec la Pédagogie Positive,* la France reste l'une des championnes du soutien scolaire privé en Europe avec plus de deux milliards d'euros de chiffre d'affaires. En Europe occidentale, et notamment en France, « la compétition imposée par la société, la course aux résultats scolaires, la préparation intensive aux examens et la pression transmise aux familles ainsi qu'aux enfants, ont davantage contribué à l'expansion d'une éducation parallèle[1] ».

1. « L'ombre du système éducatif » de Mark Brain, étude publiée pour l'Institut international de planification de l'éducation de l'UNESCO, 2011.

Dans le même temps, le nombre des demandes de consultation chez un spécialiste (orthophoniste, pédopsychiatre, psychologue, psychomotricien, graphothérapeute, etc.) est en augmentation croissante.

C'est ainsi que nous entendons de nombreux parents dire qu'ils ont tout essayé mais que rien ne fonctionne et que « les jeunes d'aujourd'hui n'ont pas de volonté... de notre temps, on faisait ce qu'on nous demandait de faire... c'était comme ça et pas autrement... bla bla bla bla... ».

La pression croissante autour de la réussite scolaire renforce les parents désemparés dans l'idée qu'ils vont pouvoir trouver une recette miracle, assortie d'un retour sur investissement, ce qui est très culpabilisant pour les jeunes.

Or, l'effet pervers de ce système est que nous voyons de plus en plus de jeunes bloqués par la pression générale, sous-performants malgré leur potentiel, voire totalement découragés et prêts à désinvestir les études, à l'instar des cas (trop nombreux) de lycéens qui arrêtent quelques mois avant l'examen.

Lorsqu'on fait le bilan, toute la morale, tous les cours de soutien, tout l'investissement financier et émotionnel n'ont servi malheureusement à rien. Pourquoi ?

Parce que l'on n'apporte rien de différent de ce qui se fait déjà au sein du système scolaire. On ajoute du plus (plus de cours particuliers, plus de temps, plus de pression...) là où l'on devrait mettre du « autrement ».

Malgré toute l'énergie dépensée, la grande majorité des jeunes ne savent toujours pas comment travailler (même ceux qui réussissent), n'ont pas ou pas pleinement la main sur leur méthode de travail, et ont très peu d'autonomie de mise en œuvre et de réflexion. La plupart sont coincés dans le labyrinthe d'Alice sans conscience, sans direction, sans vision globale et sans confiance en eux.

L'image que nous utilisons régulièrement, et que les jeunes comprennent très bien, est celle de la voiture. C'est comme s'ils avaient une superbe voiture de course à disposition sans mode d'emploi, ni destination, ni itinéraire et parfois même sans les clés. Plusieurs conséquences : rester sur le parking les mains sur le volant à regarder les autres voitures passer, conduire à deux à l'heure comme Mamy Jeanine dans sa 4L ou foncer comme un fou du volant sans respecter le code de la route au risque de prendre un ravin… Nous vous laissons filer la métaphore.

Nous en avons un peu assez d'entendre que les troubles mentionnés ci-après ne sont que le produit d'une crise d'adolescence qui va passer un jour sans que personne ne fasse le lien avec le travail ! Nous retrouvons la même dynamique lorsque nous accompagnons les adultes en entreprise. Ils sont souvent surpris lorsque le burn-out leur tombe dessus, jurant par tous les saints que rien ne le laissait présager… Alors qu'en y regardant de plus près, le burn-out était précédé d'un ou plusieurs symptômes de la liste qui suit :

- troubles du sommeil,
- troubles de la mémoire,
- inhibition,
- trac, perte des moyens,
- maux en tous genres,
- angoisses diverses,

- peur de l'échec,
- TIC et TOC,
- troubles du comportement (agressivité, troubles alimentaires),
- conduites déviantes,
- dépression.

Mal-être adolescent, certainement. En revanche, lorsque nous creusons plus avant les causes de leur mal-être avec l'ado et sa famille, c'est la souffrance dans le rapport au travail et aux apprentissages qui est l'une des causes principales. Trop de pression, d'ennui, d'absence de sens, de stress, de performance, etc.

Sans parler de la disparition de la curiosité, du désir d'apprendre quel que soit le sujet, de la motivation et surtout de la confiance en soi et de l'estime de soi.

Bon, nous avons plombé l'ambiance. Désolées, mais c'était nécessaire. La Pédagogie Positive, ça n'est pas le monde des Bisounours et de Oui-Oui au pays des jouets. C'est être capable de voir ce qui ne va pas et de choisir de faire autrement pour que ça aille mieux. Il n'y a aucune fatalité dans un parcours scolaire ni, *a fortiori*, dans un parcours de vie. Nous avons tous la capacité de devenir ce que nous sommes en faisant avec ce que nous avons.

C'est pourquoi nous avons choisi d'aller contre cette fatalité en donnant aux jeunes « les clés de la bagnole ». Nous avons créé un parcours qui les amène à comprendre et à utiliser leur propre fonctionnement dans l'apprentissage, à pouvoir évaluer ce qui fonctionne et ce qui reste à améliorer, à (re)trouver une estime et une confiance en soi harmonieuse. Nous l'avons appelé La Fabrique à Réussites, avec un « s » car chaque petite réussite contribue à se développer et s'élever au sens propre comme au figuré. Ce parcours contribue également à revisiter les croyances familiales autour de deux notions bien différentes, pouvant toutefois coexister : réussir dans la vie et réussir sa vie[1].

---

1. Voir notre site lafabriqueabonheurs.com

Mode d'emploi

Le chapitre où l'on se met d'accord toi et nous sur la manière dont ce livre se lit

Convention de lecture

Toi jeune

Nous allons te tutoyer et t'appeler « jeune ».

Premièrement parce que tu es jeune. Deuxièmement parce que c'est affectueux. Nous avons beaucoup de sympathie pour les jeunes qui sont nos patients et que nous accompagnons avec joie. Et enfin, nous nous souvenons très bien de notre adolescence et du temps des études dont nous sommes sorties avec joie aussi !

Nous partons du principe que tu ne sais pas vraiment comment travailler sinon tes parents n'auraient pas acheté ce livre et ne l'auraient pas laissé traîner aux toilettes pour que tu tombes dessus « par hasard ».

Ce livre t'est destiné. Il s'adresse principalement à toi mais nous savons que les parents ne peuvent pas s'empêcher d'aller fourrer leur nez un peu partout et qu'ils voudront certainement le lire aussi. C'est pourquoi, nous avons prévu un petit encart (intitulé « Toi parent ») qui leur est destiné afin de les rassurer.

Toi parent

Nous allons aussi te tutoyer et t'appeler « parent ».

Premièrement, parce que tu es un parent sinon tu n'aurais jamais acheté ce livre... Par opposition au terme « jeune », nous aurions pu t'appeler « vieux », mais c'est moins correct, d'autant que nous ne connaissons pas ton âge. « Senior » n'aurait pas mieux fait l'affaire, nous préférons donc te qualifier par ta fonction.

Deuxièmement, parce que nous sommes aussi parents en plus de notre métier, et nous compatissons car nous voyons par quels états émotionnels tu passes lorsque, impuissant, tu nous amènes ton ado en consultation.

Enfin, prends ce tutoiement pour une marque d'empathie car il nous arrive aussi de nous arracher les cheveux avec nos propres jeunes qui ne sont pas premiers de la classe, loin s'en faut !

Nous partons du principe que tu es relou avec ton enfant car inquiet car responsable. Nous le comprenons d'autant mieux que nos enfants nous surnomment parfois « relouman » et « relougirl ».

Nous savons à quel point c'est flippant d'élever des enfants pour qu'ils deviennent des adultes épanouis, autonomes et heureux. Malheureusement, nous ne le savons pas avant de les concevoir.

Nous avons donc prévu des petits encarts intitulés « Toi parent » qui te sont destinés et que tu peux lire si tu le souhaites.

Ce que tu ne trouveras pas dans ce livre

Toi jeune

- Une méthode miracle qui te permettra d'avoir des notes canon sans travailler.
- Une leçon de morale pour t'expliquer combien il est important pour ton avenir d'être sérieux et travailleur, parce que tu le sais déjà et que si c'était facile à mettre en œuvre, tu l'aurais déjà fait et nous serions au chômage technique.
- Une critique de tes parents trop relous et de leur éducation, même si tu as raison : parfois ils le sont vraiment !

Toi parent

- Une méthode miracle qui va transformer ton jeune en premier de la classe.
- Une démonstration argumentée qui va convaincre ton jeune de travailler 50 heures par semaine.
- Un plaidoyer pour emprunter la voie royale aka[1] Bac S. La voie royale, c'est celle qu'il se choisira.
- Une critique des adolescents d'aujourd'hui qui ne sont plus ceux d'hier, kavé pas Internet et ct bien mieux kom sa...

1. Aka : *as known as* (alias, en français).

À la fin de ce livre, nous souhaitons

Toi jeune

- Que tu comprennes comment travailler efficacement sans t'épuiser. Que tu l'expérimentes avec plaisir.
- Que tu déchires et que tu brûles les passages que tu as essayés au moins trois fois et qui s'avèrent inefficaces pour toi.
- Que tu te sentes libre de faire un vrai choix d'orientation en fonction de tes goûts et de tes talents.
- Que tu continues à poursuivre ton objectif en dépit des difficultés et des obstacles.
- Que tu aies compris comment tu pouvais rassurer tes parents afin qu'ils te lâchent les baskets.

Toi parent

- Que tu aies compris qu'il ne sert à rien de mettre la pression sur ton jeune, même si tu es très inquiet.
- Que tu aies compris que ta manière d'apprendre n'est pas forcément la même que celle de ton jeune.
- Que tu ne sortiras tes bonnes recettes que si ton jeune te sollicite. N'essaie pas de le convaincre. De toute façon, il ne t'écoute pas, l'impétrant !
- Que tu fasses confiance à ton jeune en privilégiant la qualité de votre relation extrascolaire. Tu verras, c'est moins d'énergie dépensée et plus d'harmonie familiale. C'est un investissement à long terme qui rapporte.

Comment profiter pleinement des éléments de ce livre ?

Toi jeune

Tu sais peut-être (ou pas) que ton cerveau n'est pas le seul élément de ta réussite ou de ton échec.

Si tu ne sais pas comment l'utiliser et que tu n'as pas compris qu'il travaille en équipe avec tes émotions et ton corps, tu risques de te fatiguer pour rien. Nous allons donc t'accompagner pour que tu tires profit de ta tête, de tes émotions et de ton corps.

Le livre est composé de chapitres qui traitent d'un élément qui contribue ou non à te rendre efficace dans le travail. Par exemple, apprendre à mémoriser et comprendre les ressorts de la mémorisation sont des éléments essentiels pour être performant (Chapitre 5).

Autre exemple, travailler en restant assis pendant des heures fige la dynamique de la pensée. Ainsi pour avoir des idées, il est bon de bouger (Chapitre 8).

Un chapitre spécial sera dédié à la préparation du jour J et tu verras pourquoi nous avons choisi de le mettre au début plutôt qu'à la fin (Chapitre 2).

Toi parent

Tu pourras lire ce livre comme si tu étais encore un étudiant. Tu pourras profiter des astuces et des outils pour les intégrer dans ton travail et en tirer les bénéfices. Tu pourras aussi lire les encarts qui te sont exclusivement réservés en tant que parent pour accompagner ton jeune avec bienveillance.

Deviens un vrai partenaire de travail, c'est chouette et tu l'entraînes pour plus tard lorsqu'il devra collaborer avec ses collègues.

En route !

CHAPITRE 1

Découvrir

T'es-tu déjà dit ?

- J'ai un cerveau et je ne sais pas comment il fonctionne. C'est pour cela que j'arrive pas à apprendre.

Ou bien as-tu déjà entendu ces petites phrases...

- On est intelligent ou on est limité.
- Quand on veut, on peut.

Ce que tu dois savoir d'important

Le cerveau est un organe qui se muscle

Notre cerveau n'est pas qu'un truc mou et gris posé entre nos deux oreilles et véhiculé par un taxi sur pattes, qui sert juste à résoudre des équations à multiples inconnues et à retenir la filiation des rois de France dans l'ordre et dans le désordre.

Le cerveau est un peu comme la tour de contrôle de notre corps. Quand on y pense, c'est une machine extraordinaire capable de traiter un grand nombre d'informations et de nous maintenir en vie. C'est grâce à lui que nous bougeons, lisons, aimons, rigolons. Et comme tous les éléments extraordinaires, il a un fonctionnement complexe. Heureusement, avec les progrès technologiques et l'avancée des neuro-sciences, nous savons de mieux en mieux comment il fonctionne.

Nous n'allons pas te faire un cours détaillé alors qu'il existe d'excellentes ressources sur Internet.

Par exemple, ouvre Google et tape « brain brain, the magical fruit ». Il s'agit d'une vidéo de Timothy Warlow, étudiant chercheur en neurosciences à l'université de Texas. Il a fait un rap pour expliquer facilement le fonctionnement du cerveau. Bon ok, c'est en anglais. Mais il y a les paroles sous la vidéo. En visionnant cette vidéo, tu pourras donc à la fois travailler ta SVT et réviser ton anglais. C'est pas beau ça ?

Tu peux également taper : « C'est pas sorcier cerveau », « tout ce qu'il faut savoir sur le cerveau discovery » et « McGill cerveau ». Quand tu auras fini d'explorer ces ressources, tu seras incollable sur cet organe fabuleux qui va devenir ton BFF[1], autrement dit ton ami pour la vie.

« *Quand on veut on peut* »

Non ! Ce n'est pas parce que l'on veut que l'on peut.

Nous-mêmes voulons être danseuses à l'Opéra de Paris, sauf que notre cerveau et notre corps ne sont pas compatibles avec les exigences de l'Opéra de Paris.

À l'école, on nous demande d'apprendre, de réfléchir, d'imaginer, de comprendre plein de trucs, sauf qu'on ne nous explique pas comment faire. Et puis parfois, nous pouvons souffrir de véritables troubles qui empêchent ou freinent un apprentissage harmonieux. C'est le cas, malheureusement, des personnes

1. *Best Friend Forever :* meilleur(e) ami(e) pour la vie.

qui souffrent de dyslexie, dyspraxie, dyscalculie, dysorthographie et tous les autres mots en « dys » qui signifient que le cerveau n'établit pas les bonnes connexions, ou prend des chemins très tortueux pour traiter l'information.

Cela ne veut pas dire qu'il est impossible de réussir quand on a un trouble. Cela veut dire que je peux vouloir être un boss en dissertation mais ne pas pouvoir y arriver tout de suite. Cela va me demander beaucoup d'efforts et une aide adaptée pour que mon cerveau dépasse la difficulté et trouve de nouveaux moyens de traiter l'information.

La bonne nouvelle est que les neurosciences ont prouvé que le cerveau est capable d'une grande plasticité qui lui permet de s'adapter et de créer de nouveaux chemins d'apprentissage pour arriver à destination.

Au bout du compte, le point d'arrivée est le même, bien que la route ait été plus sinueuse. L'autre avantage, et pas des moindres, est que les jeunes souffrant de troubles des apprentissages développent une grande capacité de persévérance et d'endurance, contrairement à certains pour lesquels les acquisitions de base n'ont pas demandé plus d'efforts que nécessaire.

Et puis parfois, le cerveau ne présente pas de trouble particulier. Les enseignants disent que tu es intelligent et que tu peux mieux faire, tes parents te disent que tu as tout pour réussir et que tu n'as qu'à faire un effort. Tu entends que la réussite n'est qu'une question de bonne volonté. Et pourtant, tu n'y arrives pas aussi bien que ce que tu pourrais faire. Pourquoi tant de haine ?

Alors comment faire ?

Eh bien, il faut que tu saches que tu as un petit cœur tendre et sensible bien logé au creux de ton cerveau et non pas au niveau du muscle cardiaque comme les humains l'ont cru pendant longtemps.

En effet, les neurosciences ont démontré que c'est aussi le cerveau qui génère et organise la vie émotionnelle. Dès lors, dans le processus d'apprentissage, il est bien illusoire de croire que seules les facultés cognitives sont à l'œuvre. En effet, la cognition humaine, c'est un ensemble complexe composé du langage, du calcul, de l'action, de la mémoire, de l'attention, de la perception, de la concentration, de la planification, de la résolution de problèmes, de la praxie[1] et du raisonnement.

Or, tu as peut-être vécu l'expérience inconfortable suivante : cela fait trois semaines que tu potasses ton oral de philo. Tu as appris par cœur les thèses de Socrate, Descartes et Kant qui sont presque devenus des potes. Tu as super bien compris la théorie de la Conscience avec un grand C. Tu es même capable de citer Socrate en grec ancien dans le texte. Et pourtant, lorsque tu arrives devant l'examinateur, tu commences à transpirer comme un petit cochonou qui entre dans un abattoir. L'adulte en face de toi se transforme en cyclope et tu as l'impression que ton cœur va exploser dans ta poitrine. C'est le black-out total. Plus aucune idée n'arrive à ta tête. C'est un peu comme s'il y avait un gros videur de boîte de nuit qui leur refuse l'entrée. Le trac, donc la peur, te paralyse et bloque toute activité cognitive.

1. Ensemble de mouvements coordonnés en fonction d'un but.

Comme tu viens de le comprendre, émotions et cognition sont complètement liées dès lors qu'il s'agit d'apprendre et de travailler.

Mais attends, ce n'est pas fini ! Comme cela ne t'a certainement pas échappé, il y a une troisième dimension que tu as vu grandir et se transformer, non sans quelque agacement parfois, jusqu'à arriver à la perfection que tu as certainement atteinte aujourd'hui (ou pas) : ton cerveau fait partie d'un grand tout qui s'appelle le corps. Ce corps, contrairement à ce qui est communément pensé, a encore besoin de mouvement même après la dernière section de maternelle. Il n'est pas seulement le véhicule qui permet de transporter le cerveau. Il participe autant, sinon plus, à l'activité de penser. Et tu le sais très bien, si toi aussi tu fais partie des élèves à qui les enseignants ont toujours reproché de ne pas tenir en place, de triturer leur trousse et/ou de dessiner pendant les cours.

Le corps a des besoins vitaux qui ne peuvent être négligés lorsque l'on apprend et que l'on travaille : s'aérer, s'hydrater, s'alimenter, se reposer et bouger. Malheureusement, nous observons régulièrement que la croyance selon laquelle le travail n'est qu'une question de concentration intellectuelle est encore bien présente dans les esprits. Cette croyance relègue donc la prise en compte du corps à deux heures d'EPS par semaine.

C'est un peu léger. Nous verrons au fil des chapitres comment le respect des besoins corporels favorise et booste les fonctions intellectuelles et émotionnelles.

En résumé, tu auras compris que la voie du succès réside dans l'alignement renouvelé de ta Tête (cognition), de ton Cœur (émotion) et de ton Corps (physiologie).

DÉCOUVRIR

neuro + sciences =

MERCI

C'est vachement UTILE

le cerveau est la tour de CONTRÔLE du CORPS

@ isapailleau 2015

B.F.F.*

*best friend forever

"brain, brain, the magical fruit"
Thimothy WARLOW

PLASTICITÉ
du cerveau
C'est MAGIQUE !

" Quand on veut, on peut ! " ?

BEN, NON ! pas toujours...

quid des DYS- ?

Tête ♥ Corps

le combo gagnant

Toi parent

Non ! Tout ça n'est pas du flan pour amadouer ton jeune et se le mettre dans la poche. D'ailleurs, ça marche aussi pour toi parent. Tu peux d'ailleurs aller sur le site de McGill où tu trouveras, suivant ton niveau, une foule d'informations hyper intéressantes. Mais si tu es déjà chercheur(se) en neurosciences, tu peux passer au chapitre suivant.

CHAPITRE 2

Se préparer pour le jour J

T'es-tu déjà dit ?

- C'est bon, j'ai le temps pour le bac, c'est dans 10 mois !
- J'préfère pas trop préparer, après j'ai trop la pression.
- Oh merde ! Les partiels c'est la semaine prochaine, j'ai pas encore révisé.
- J'comprends pas, j'avais tout bien appris et j'ai complètement bugué devant ma feuille, le trou noir !
- J'relis la veille, c'est bon, c'est tout frais.
- T'inquiète, je gère…

Ce que tu dois savoir d'important

Tout d'abord, tu te questionnes certainement sur le fait que nous commencions le programme par la fin. Et tu peux te dire : « Bizarre, c'est le premier chapitre, c'est louche ! » Oui, tu as un peu raison, c'est louche, mais si on l'avait mis à la fin, tu ne l'aurais peut-être pas lu…

Ce qu'il faut savoir d'important pour « se préparer pour le jour J : the chapter », c'est que si tu le lis quelques jours avant les exams, c'est déjà beaucoup trop tard !

Ça sert à rien de bachoter à la fin. Ça marche peut-être, mais ça n'est pas garanti, et surtout ça ne te met pas dans un état de détente et d'efficacité, voire même ça peut conduire à l'effet inverse : stress, crises de panique, pertes de mémoire, black-out... Et donc te faire foirer ton examen. Dommage !

La formule du pétage de plomb

Tu attends de te rapprocher de l'échéance pour t'y mettre « vraiment ».

- Tu découvres qu'il y a plein de choses que tu ne connais pas.
- Tu veilles tard pour bosser et tu diminues ton sommeil.
- Tu manges n'importe quoi parce que t'as pas le temps.
- Le stress s'installe et tes parents s'y mettent.
- ...

Le cocktail gagnant pour péter un plomb
et foirer ses exams.

Or, tu peux faire autrement et savoir que si tu bosses toute l'année, l'examen ne sera qu'une formalité. L'examen est une validation des acquis, pas des non-acquis. Sauf cas extrême, on n'a jamais vu des sujets d'examens qui n'auraient jamais été abordés pendant l'année. Et même si tu dis « mon prof est bidon, il ne nous a pas fait ce chapitre et/ou il est passé trop vite... », il existe des programmes, des annales, des manuels, des sites Internet avec tout ce qu'il faut dedans.

La formule des exams réussis

Planification
- Réactivation
- Bonne hygiène de vie
- Maîtrise du trac
- Mise à distance des parents (ou proches) potentiellement « toxiques par leur inquiétude »
- Mise en projet de réussite (visualisation positive, objectif et sens dans l'activité…)
- …

Le cocktail gagnant pour réussir ses exams.

Alors comment faire ?

Le premier principe à connaître, c'est que le cerveau est programmé pour oublier. Si tu n'oubliais rien, tu souffrirais d'une maladie rare et hyper chiante qui s'appelle l'hypermnésie. Ça fait mal à la tête et l'on devient très fou.

Nous allons donc partager avec toi une première méthode, absolument géniale, et très facile à mettre en œuvre : la réactivation.

La réactivation

En 1885, le scientifique Ebbinghaus a découvert que le cerveau oublie les informations de manière exponentielle sans répétition des informations à intervalles réguliers. Au terme de « répétition », nous préférons celui de « réactivation » qui est plus dynamique qu'une simple répétition à l'identique barbante.

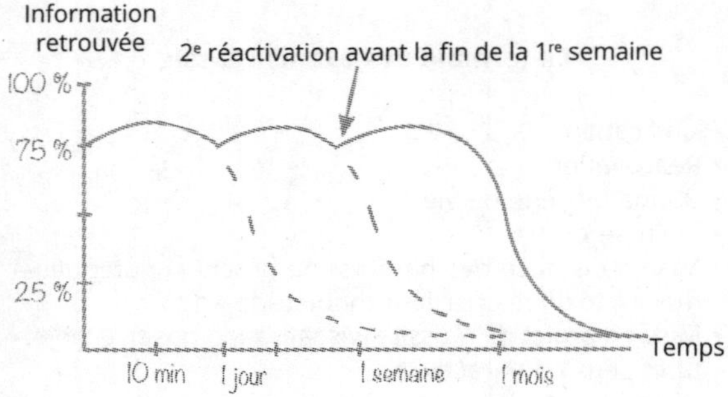

Comme le montre le schéma précédent, sans réactivation au bout d'un jour, nous perdons 50 % des infos, au bout de deux jours, nous en oublions 80 % et au bout d'une semaine 90 %. Tu comprends mieux pourquoi tu as envie de te pendre ou de te rouler en boule sous ta couette lorsqu'arrive la veille du contrôle ou de l'examen. C'est l'Everest qu'il te faut gravir. Et cette ascension se fait rarement sans douleur ni découragement.

Mais si tu réactives le jour même où tu as appris, la courbe s'aplatit déjà un peu. La deuxième réactivation aura lieu le deuxième jour, puis une semaine après, puis quinze jours après et enfin une fois tous les mois si l'objectif est à long terme.

C'est ce que l'équipe de neuroscientifiques du professeur R. Douglas Fields a appelé, en 2005, la technique du « *Spaced learning* », ou apprentissage espacé.

Le *Spaced learning* permet de créer des chemins de connaissance, qui vont être réactivés à intervalles réguliers. La stimulation espacée permet de construire des chemins solides que tu pourras facilement reconstruire quand tu en auras besoin.

Quant à la manière de réactiver, plus tu varieras les méthodes, moins ton cerveau s'ennuiera. Tu peux repenser à ton cours et noter ce dont tu te souviens et comparer avec le cours, dessiner ta pensée, raconter à ton petit frère, ta grand-mère ou ton chat, visionner une vidéo sur le sujet, etc.

En suivant cette méthode, que nous appelons la méthode du paresseux intelligent, tu verras que tu apprends plus vite et pour plus longtemps. Tu répéteras moins ce que tu sais déjà pour te concentrer sur ce qui te manque. Accessoirement, tu pourras aller au cinéma ou glander dans ton canapé la veille de l'examen.

La planification

Deuxième méthode indispensable, la planification, encore connue sous le nom de « s'y prendre à l'avance ».

Qu'est-ce que ça veut dire ?

Cela signifie que ton programme est préétabli. Il n'y a aucune surprise qui va apparaître deux jours avant l'examen. « Eh les étudiants, on vous a ajouté un chapitre de 112 pages sur blablabla et il y aura une question à l'examen qui compte pour coef. 12 ! » Impossible, tout est déjà programmé quasiment d'une année sur l'autre.

Donc, si tu connais la destination, il va simplement te falloir déterminer les étapes de ton parcours et calculer les distances en fonction de la difficulté. C'est comme le marathon. Tu t'inscris un an à l'avance, ils n'ajoutent pas de kilomètres, tu connais le tracé et le niveau de difficulté (côtes, plats, descentes, escalators, tapis roulants…). Tu vas donc t'entraîner pendant un an en fonction de ces paramètres.

La chose la plus importante à savoir pour planifier est que tu dois partir du global – le plus grand – pour arriver aux détails – une partie d'une séquence de cours. Chacun a sa méthode pour organiser sa planification. Certains utilisent le Mind Mapping pour faire des cartes-programmes de leurs cours avec des sous-cartes pour les chapitres, puis des sous-cartes par section, etc. (voir Chapitre 9 p. 118). D'autres préfèrent une frise chronologique qui leur permet d'avoir une vision complète et séquencée de leur cours. D'autres utilisent des tableaux Velleda pour écrire ce qu'ils doivent faire, ou font des plannings sur tableurs. À toi de trouver la représentation, l'outil, la forme... de planification qui te convient le mieux.

Peu importe le moyen choisi, c'est la démarche qui compte. Si tu sais d'avance les différents thèmes d'un cours, tu seras plus réceptif à toutes les informations qui passeront le concernant et qui pourront te servir. Cela augmente ton degré d'attention, sans effort.

Comme tu pourras l'expérimenter dans le Chapitre 3 sur l'attention (voir p. 46), tu captes plus d'informations si tu es en attente de les recevoir. Être attentif, c'est être en attente.

La décontraction ou comment apprivoiser ton trac

Si tu as déjà expérimenté ce que l'on appelle le trac, la trouille, le bug, le black-out.... tu sais à quel point c'est la *loose*. Si tu ne l'as jamais expérimenté, t'inquiète pas, ça viendra avec le talent, comme le disait une vieille artiste à une jeune starlette.

Donc, dans un cas comme dans l'autre, sujet au trac ou pas encore, il faut te préparer à y faire face.

La minute C'est pas sorcier.

Le trac : c'est quoi ? Pourquoi ? Comment ?

Le trac, c'est le sentiment d'appréhension irraisonné avant d'affronter une épreuve avec un enjeu. La force de l'enjeu ne peut pas être jugée car elle est propre à chacun. Du coup, quand un de tes potes a le trac, garde tes réflexions pour toi car ce qui te paraît bidon ne l'est pas pour lui.

Pourquoi le trac arrive-t-il ? Parfois, il surgit alors que tu es bien préparé mais l'enjeu est trop gros. Tu as conscience de l'importance de l'enjeu et en plus tu as bossé comme un ou une dingue. Tu arrives peut-être épuisé(e) avant même d'avoir fourni l'effort final. « Avec tout ce que j'ai bossé, si en plus ça foire, j'serai complètement dégoûté. »

À d'autres moments, le trac arrive car tu n'es pas assez (du tout ?) préparé. Tu as conscience de l'enjeu mais aussi de ton manque de préparation. Tu sais que tu es comme un petit Jedi, sans son sabre laser, qui va se faire atomiser par le méchant Dark Vador.

Il existe de nombreuses situations de trac : prendre la parole devant la classe, examen écrit, embrasser une fille ou un garçon pour la première fois, compétitions sportives, musique, etc.

- **On peut le reconnaître tout de suite à différentes manifestations comme :**

- transpiration excessive ;
- palpitation cardiaque ;
- tremblements ;
- vision floue ;
- impression d'un vide sidéral ;

- sensations chelou dans le ventre qui peuvent conduire en urgence aux toilettes les plus proches ;
- mal de tête genre casque à pointes tournées vers l'intérieur de ton crâne ;
- suffocation ; spasmophilie ;
- jambes en coton ;
- picotements des extrémités ;
- envie de pleurer…

◆ **Comment faire pour le surmonter ?**

Plus tu seras préparé, plus ton trac diminuera. La réactivation, la planification et tous les autres bons conseils de ce livre t'aideront à arriver plus zen et plus performant.

Si tu t'es préparé suffisamment, il y a toutes les raisons que ça marche. Dans ce cas, il faut que tu te ménages un sas de décompression. Ce n'est pas parce que tu révises jusqu'à la dernière minute, que ça va mieux marcher. Au contraire, tu vas saturer ton cerveau et épuiser ton corps. Donc la veille de l'évaluation, choisis une activité plaisante et relaxante, fais la sieste, pense à autre chose et fais confiance à ton cerveau qui saura exactement quoi faire pour que tu réussisses.

Petite mise en pratique

Visualisation positive pour préparer en avance les futures échéances en diminuant la trouille d'échouer

Prends le temps de lire les questions suivantes et d'y répondre dans ta tête. Fais taire toutes les petites voix critiques et saboteuses qui pourraient te dire « arrête de te la péter ! », « tu te crois plus fort(e) que les autres, peut-être ? », « pourquoi tu y arriverais, ça n'a jamais marché jusqu'à présent ? » et toutes autres douceurs que ton cerveau te concocte lorsque ta confiance est molle.

• Imagine-toi en situation de réussite.
Comment es-tu ? Où es-tu ?

• Fais le plein de détails, de ressentis, de sensations.
Comment te sentiras-tu quand tu auras réussi ?
À quoi verras-tu que tout fonctionne bien ?
Tu peux aussi t'imaginer dans quelques mois, en train de raconter à quelqu'un tout ce que tu as mis en œuvre pour réussir tes exams, ton bac... Tu peux continuer en te voyant quelques mois plus tard au niveau supérieur, détendu, confiant et avec une méthode de travail efficace.

Situation d'urgence

Si, malgré tout, le trac te rattrape, prends un instant pour accepter la sensation inconfortable qui arrive. Puis localise-la dans ton corps. Ton ventre est noué ? Ta poitrine est serrée et tu respires difficilement ? Tes mains sont moites ? Etc.
Une fois la sensation localisée, prends le temps de respirer par le ventre, c'est-à-dire prends d'abord le temps de souffler par la bouche comme si tu soufflais longtemps dans un ballon pour le gonfler. Lorsque tout l'air sera sorti de toi, ton nez va automatiquement inspirer ce dont tu as besoin. Continue jusqu'à ce qu'une sensation de calme revienne. Puis attrape symboliquement ton « toi qui flippe sa race » et dépose-le à côté en lui disant (dans ta tête bien sûr) « T'inquiète, je me suis préparé, je vais prendre le relais, reste tranquille ça va aller ».

De cette manière, tu n'essaies pas d'éviter une émotion inconfortable qui pourrait ensuite revenir et te paralyser. Au contraire, tu accueilles paisiblement l'inconfort mais tu ne te laisses pas envahir. Tu es vraiment en passe de rejoindre la Jedi Team de Yoda. Félicitations !
Autre technique pour se débarrasser en deux mots et rapidement de la charge émotionnelle trop forte du trac qui te pourrit.
Résume en un mot la cause de ton émotion négative ou de ton trac. Si tu passes un oral, ce peut être le numéro du jury ou la matière ou le nom de l'examinateur si tu le connais. Par exemple, Monsieur Fuckerot (personnage imaginaire même s'il se peut que certains portent ce nom).
Sur ton écran mental, écris le mot Fuckerot. Même si tu n'es pas visuel, l'idée d'avoir les lettres que tu épelles dans ta tête suffit très bien.
Laisse venir l'émotion négative associée au mot.
Et maintenant, efface la dernière lettre du mot. Il reste donc Fuckero, et laisse venir l'émotion qui vient avec le mot amputé.
Puis enlève encore la dernière lettre. Il reste Fucker et laisse venir l'émotion à nouveau. Tu vas t'apercevoir que ton émotion change au fur et à mesure. Tu auras même peut-être envie de rire, qui sait ?
Et ainsi de suite, jusqu'à faire disparaître le mot qui te permettra de vider la charge émotionnelle qui y est rattachée.

Et si tout cela ne marche pas

Il reste la bonne vieille méthode : imagine ton prof aux chiottes, constipé, en train de pousser fort. Tu verras, ça désacralise énormément...

Toi parent

Les journalistes nous demandent chaque année fin mai quels conseils nous pourrions donner aux parents dont les ados passent le Bac. Ça marche aussi avec les étudiants qui passent leurs examens.

Nous répondons régulièrement : « Lâchez-les ! » Cela peut paraître un peu raide comme conseil et générateur d'angoisse pour certains, certes. Cependant, dis-toi bien qu'à un mois du fameux examen, les carottes sont presque cuites du côté des parents.

De deux choses l'une :

- Soit ton ado n'a pas du tout pris la mesure de l'enjeu de l'examen ; comme on dit, il n'a pas eu le déclic, et ne voit toujours pas l'intérêt et la nécessité de se mettre au travail. Dans ce cas, toutes tes tentatives pour lui faire prendre conscience de l'enjeu risquent de rester vaines. Seul le principe de réalité, s'il venait à échouer par manque de travail, lui fera prendre conscience des conséquences de son manque d'implication cette fois-ci. Nous rencontrons beaucoup d'ados, qui ont eu besoin de se prendre tout seul « une claque » pour avoir le déclic, ou plutôt le dé-claque, se mettre à bosser l'année d'après et réussir brillamment.
- Soit ton ado a tout à fait conscience des enjeux. Dans ce cas, il se met déjà la pression tout seul (même s'il ne le montre pas). Il n'a donc surtout pas besoin qu'on lui en rajoute.

Fais-lui confiance pour s'organiser dans ses révisions.

Plutôt que de contrôler combien de temps il a travaillé et de lui faire la remarque : « Mais je ne comprends pas, je ne te vois pas travailler. Tu es au courant que tu as le Bac (ou tes examens ?) dans un mois ? » Oui, il est au courant...

Plutôt que de lui sauter dessus dès que tu le vois devant la télé ou sur Facebook, en lui disant : « Et tu crois que c'est grâce aux *Anges de la Téléréalité* que tu vas avoir ton Bac ? », au risque qu'il te rétorque : « Bah quoi ! Nabilla, elle a même pas le Bac et ça ne l'empêche pas d'être célèbre. Non, mais Allô quoi ? »

Plutôt que de lui lancer la fameuse phrase que nous avons tous entendue de nos parents : « Tu sais, c'est pour toi que tu travailles. Moi je m'en fiche, j'ai fait ma vie. Mon Bac je l'ai eu. » Ou la version pour les non-bacheliers : « Moi j'aurais adoré avoir la possibilité de faire des études et d'avoir mon Bac. Tu ne te rends pas compte de la chance que tu as ! »

Lâche-le ! Cela ne servira à rien de le harceler, de le forcer, voire de l'attacher à son bureau et d'user de tous les stratagèmes parentaux.

Prends le temps d'imaginer ton patron, tes collègues ou tes clients te tapant sur l'épaule ou t'appelant toutes les cinq minutes pour te demander si tu as terminé ton dossier. Penses-tu que cela t'aiderait à avancer plus vite ? Penses-tu que cela te mettrait d'humeur joyeuse et te permettrait d'être détendu ? Nous te laissons répondre seul à cette question...

Dans un cas comme dans l'autre, arrête de le questionner sur son travail. Parle-lui d'autre chose, faites-vous des kifs ensemble, cuisine-lui des petits plats qu'il aime (même si ce sont des pizzas), dis-lui que tu as confiance en lui et apprends-lui à se détendre.

Reste cependant toujours disponible s'il exprime ses difficultés et son besoin de se faire aider.

Et enfin, si tu t'angoisses trop, pense à la relaxation, à la marche et prends soin de toi. Un parent détendu et positif est le meilleur cadeau que l'on puisse faire à un ado qui passe un examen.

Se préparer pour le jour J
STRESS +++
formule du pétage de plomb
je ne connais RIEN
je veille TARD
je mange MAL
formule des exams réussis
planification
+ réactivation
+ bonne hygiène de vie
+ maîtrise du trac
+ mise à distance de l'inquiétude
+ mise en projet de réussite
Zzzzz
EAU
@ isapailleau - 2015

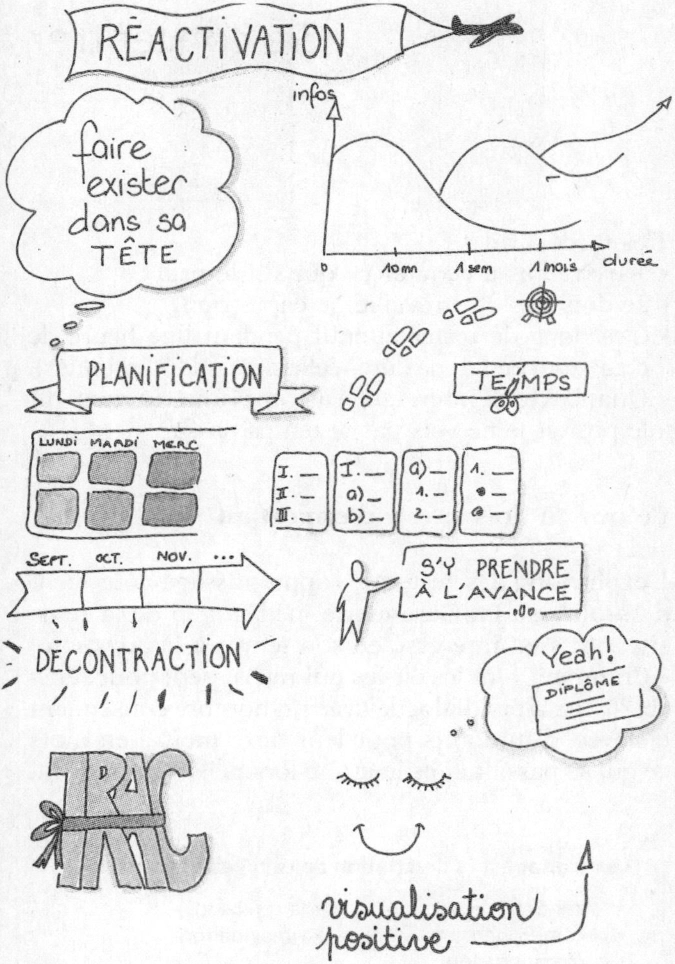
RÉACTIVATION
infos
0
10mn
1 sem
1 mois
durée
faire
exister
dans sa
TÊTE
PLANIFICATION
TEMPS
LUNDI
MARDI
MERC
SEPT.
OCT.
NOV.
...
S'Y PRENDRE
À L'AVANCE
DÉCONTRACTION
Yeah!
DIPLÔME
TRAC
visualisation
positive

CHAPITRE 3

Se concentrer

T'es-tu déjà dit ?

- J'arrive pas à écouter ce que dit le prof !
- Je dois pas être réveillé, je capte rien.
- C'est long de rester attentif pendant une heure de cours (qui en fait ne dure réellement que 50 minutes).
- Quand ça m'intéresse, j'attrape tout ce que dit le prof et je ne vois pas le temps passer !

Ce que tu dois savoir d'important

L'explication des gestes de l'apprentissage nous vient d'Antoine de La Garanderie, pédagogue de la réussite, qui s'est intéressé en son temps à la question : « Comment font les élèves qui réussissent pour réussir ? » Il a alors dialogué avec un nombre conséquent d'élèves, d'étudiants pour leur faire mettre en mots ce qui se passait dans leur tête lorsqu'ils apprenaient.

Le résultat est la description de cinq gestes mentaux :

- l'attention,
- la compréhension,
- la mémorisation,
- la réflexion,
- l'imagination.

Nous allons aborder ses cinq gestes mentaux dans les chapitres qui suivent, mais nous n'allons pas pour autant faire de toi un expert d'Antoine de La Garanderie, ce n'est pas le but.

Nous souhaitons simplement que tu comprennes l'importance de chaque geste mental pour apprendre.

Le geste d'attention est le premier et, selon Antoine de La Garanderie, le plus important pour pouvoir apprendre efficacement. C'est un geste de perception qui te permet de faire entrer toutes les informations en toi. Il ne s'agit pas juste de stocker temporairement les informations et de ne rien en faire. Lorsque l'on est attentif, cela signifie que ce qui se passe à l'extérieur de ma tête (par exemple les paroles du prof qui parle de blablabla) correspond à ce que je me représente dans la tête. Cela s'appelle une évocation. Quand les évocations sont pile en rapport avec le cours, je suis attentif. Si mes évocations partent sur d'autres chemins, notamment celui de l'imagination rêveuse, je ne suis pas attentif.

Ces dernières années, beaucoup d'études montrent que notre capacité d'attention diminue principalement avec l'utilisation des nouvelles technologies qui nous font zapper rapidement d'un sujet à un autre.

La bonne nouvelle est que l'attention se travaille, et très facilement.

Alors comment faire ?

En développant tes super pouvoirs bioniques (demande à tes parents de t'expliquer les histoires de Super Jaimie et Steve Austin car tu es trop jeune pour avoir vu ces séries).

Pour cela, nous avons testé pour toi une super nouvelle méthode qui a fait ses preuves depuis… 1890, date de sa création par un médecin suisse, le docteur Roger Vittoz. Cette méthode vise à rétablir l'équilibre cérébral au moyen d'exercices simples et pratiques.

Elle est basée sur le fait que le cerveau ne peut pas à la fois recevoir et émettre des informations en même temps. Bah oui ! C'est bien connu : on ne peut pas lécher son coude droit et son coude gauche en même temps. Enfin… on ne peut pas lécher son coude tout court. Si tu y arrives, envoie-nous un selfie !

Si tu es toujours en émissivité, c'est-à-dire que tu es toujours en train de penser à des milliards de trucs sans arrêt, tu n'as pas de place pour recevoir l'information. À l'inverse, si tu n'es qu'en réceptivité, tu te laisses submerger par toutes les informations que tu reçois de l'extérieur et tu as du mal à mobiliser ton attention pour capter les « bonnes » informations.

Voici deux exercices, l'un pour améliorer ta réceptivité et l'autre pour contrôler ton émissivité. Ils te permettront de rétablir ton équilibre cérébral et donc d'améliorer ton attention et ta concentration.

Petit entraînement quotidien pour améliorer la réceptivité des bonnes informations

- Installe-toi confortablement sur une chaise ou allongé sur ton lit ou sur la table de la salle à manger.
- Nous t'invitons à accueillir les sensations qui arrivent par tes cinq sens : « Tu regardes autour de toi et tu laisses entrer les formes, les couleurs en laissant ton

cerveau au repos… Tu laisses entrer les sons juste pour ressentir la vibration dans ton corps… Tu laisses entrer les odeurs sans réfléchir… Tu laisses tes mains entrer en contact avec différentes matières autour de toi (tes vêtements, ta peau, tes cheveux, le canapé, etc.) en laissant ton cerveau au calme… »

- Le but de cet exercice est de laisser le cerveau se reposer en lui évitant de penser et de réfléchir.
- Les sensations ne doivent pas entraîner d'associations d'idées : le bruit de la moto dehors me fait penser que, moi aussi, j'aimerais bien une moto quand je serai plus grand, le tableau dans le salon me rappelle le dernier Noël passé en famille au cours duquel Mamy Françoise était complètement « pompette » (c'est le vieux mot pour « bourrée »).

Petit entraînement quotidien pour contrôler l'émissivité

- Ferme les yeux… Fais « apparaître » dans ta tête un tableau (noir ou blanc). Si tu ne vois rien dans ta tête, ce n'est pas un problème : avoir l'idée du tableau est suffisant.
- Trace sur le tableau les lettres de l'alphabet les unes après les autres en effaçant la lettre après l'avoir tracée pour ne garder qu'une lettre à la fois.
- L'objectif est d'arriver à tracer tout l'alphabet sans se déconcentrer. Sachant qu'à chaque fois que tu décroches, tu redémarres à la lettre A.
- Au début, tu t'apercevras qu'il est très difficile de maintenir une concentration jusqu'au Z. En général, les gens s'arrêtent à la lettre H.
- Avec un entraînement de cinq minutes par jour, tu réussiras peu à peu à faire tout l'alphabet sans te déconcentrer.

Ces deux exercices ne prennent que cinq minutes chacun, peuvent être alternés un jour sur deux et ont sauvé des vies !

Une autre façon de développer ton attention consiste à te préparer à l'avance. Qu'est-ce que ça signifie ? Tu dois savoir que si tu te prépares à un cours, en lisant des informations dans le manuel et/ou en faisant des recherches rapides sur Internet, ton degré d'attention pendant le cours sera plus élevé. Pourquoi ? Parce que tu reconnaîtras des éléments et que ton cerveau sera aux aguets. Cela te donnera également plus envie de participer.

Petite mise en pratique

- Prends un texte de ton choix dans un manuel avec des questions.
- Lis le texte en premier.
- Réponds maintenant aux questions sans regarder le texte.
- Prends un autre texte de ton choix et de difficulté équivalente dans un manuel avec des questions.
- Lis d'abord les questions avant de lire le texte.
- Lis le texte ensuite et réponds aux questions sans regarder le texte.
- Compare les deux exercices. Si tu as suivi les instructions, tu devrais te rendre compte que dans le deuxième cas, ton attention a été plus élevée car tu attendais des réponses à tes questions. Tu as attrapé plus de détails en peu de temps. Être attentif, c'est être en attente de quelque chose.

Toi parent

As-tu remarqué qu'avec l'arrivée des nouvelles technologies (non, pas le Minitel !), ton attention et ta concentration sont bien difficiles à maintenir aussi ? Surtout si tu travailles en openspace. Entraîne-toi également à pratiquer la méthode Vittoz, simple et efficace à mettre en œuvre, même dans les toilettes de ton entreprise.

Par ailleurs, n'oublie pas que ton jeune (tout comme toi) ne peut pas être attentif et concentré en même temps. Revois ta formulation. Un « attention, concentre-toi ! » n'aura aucun effet sur ton jeune car son cerveau entend une injonction paradoxale du type « avance, recule ».

ÊTRE ATTENTIF
& concentré
Antoine de la GARANDERIE
Geste d'attention
PERCEPTION
constat
CHUTE
d'attention
&
de concentration

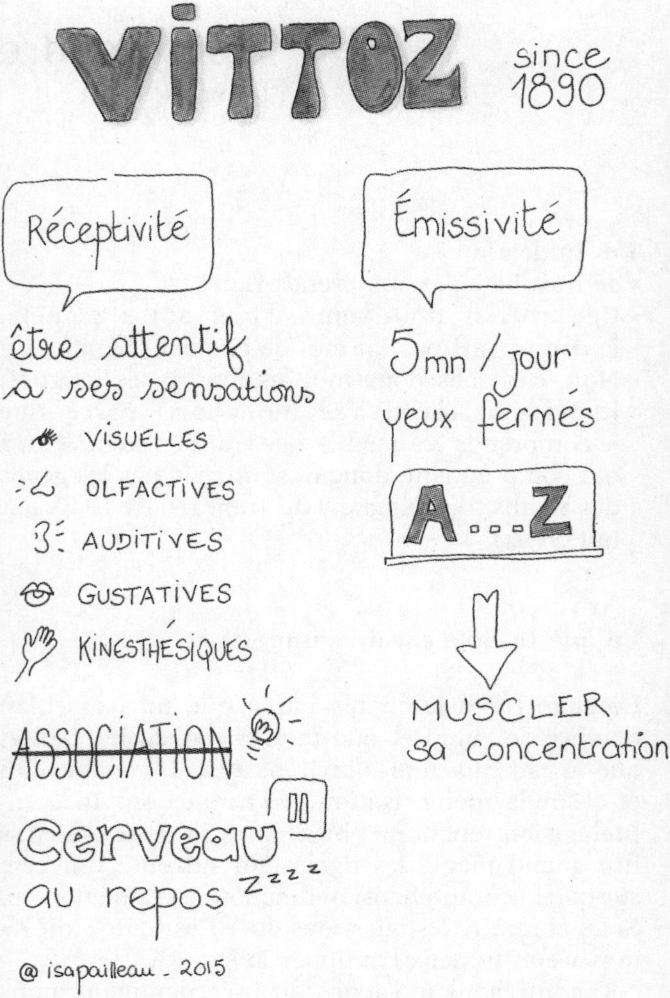
VITTOZ
since 1890
Réceptivité
être attentif à ses sensations
VISUELLES
OLFACTIVES
AUDITIVES
GUSTATIVES
KINESTHÉSIQUES
ASSOCIATION
Cerveau au repos
Zzzz
Émissivité
5mn / jour
yeux fermés
A...Z
MUSCLER
sa concentration
@ isapailleau - 2015

CHAPITRE 4

Comprendre

T'es-tu déjà dit ?
- Je travaille et je comprends rien !
- Ce prof, il doit venir d'une autre planète, je comprends pas un mot de ce qu'il raconte !
- Non, c'est pas pour moi les maths, les langues, le français, la SVT… (au choix) parce que je comprends vraiment, mais vraiment rien. Y'en a qui comprennent, donc c'est que j'ai pas les gènes des maths, des langues, du français, de la SVT… (au choix).

Ce que tu dois savoir d'important

Lorsque tu te lamentes parce que tu avais bien compris le cours et que tu n'as pas eu le résultat que tu espérais, nous t'invitons à lire les chapitres 5 et 6 sur la mémorisation et la réflexion. Ta compréhension fonctionne bien. Mais tu peux toutefois lire quand même les lignes qui suivent pour être sûr que ta compréhension fonctionne vraiment bien. Si au contraire les questions du « T'es-tu déjà dit ? » te parlent, tu peux continuer la lecture.

Comme nous te l'avons dit précédemment, nous n'allons pas faire de toi un spécialiste d'Antoine de La Garanderie. Pour t'expliquer ce que signifie « comprendre », il te suffit de penser au fameux « ah ouais ! » quand tout s'éclaire enfin dans ton cerveau, comme si on venait de rallumer la lumière dans ta tête après une coupure d'électricité, les « mais oui, bien sûr ! », « j'ai capté, ça y est »... associés à une envie de sourire béatement et un soulagement intérieur qui dit « ouf ! j'suis pas bête ».

Comprendre, c'est faire des liens entre plusieurs idées et informations que tu as déjà en tête et les nouvelles qui arrivent.

En gros, tu as des infos en stock (dans ta mémoire) et à chaque fois qu'il y a une nouvelle info, tu peux l'accrocher à une autre déjà en stock. Pour le faire, tu vas utiliser différents liens logiques : liens de comparaison (c'est comme), liens de différence (c'est pas pareil), liens de hiérarchisation (c'est d'abord ça puis, c'est plus important que...).

Tu vas donc comparer l'information, la traiter, la conserver et même la jeter si elle n'est plus bonne. Par exemple, les gens qui savaient que la Terre était plate parce qu'on le leur avait dit ont remplacé l'information lorsque d'autres ont découvert qu'elle était ronde au final. Ils ont donc compris, comparé les infos et jeté l'ancienne. Et dire que des gens sont morts pour avoir dit qu'elle était ronde à l'époque...

Comprendre signifie aussi que nous comprenons chacun à notre façon.

C'est comme si nous traduisions avec notre propre langage ce que nous percevons avec des images, des mots, des sensations. Comme pour la mémorisation et les autres gestes d'apprentissage, nous avons donc chacun notre petite cuisine interne qui n'est pas mieux ni moins bien qu'une autre, mais que nous devons connaître pour l'utiliser efficacement.

Attention ! Même si comprendre est une première étape importante, elle ne suffit pas pour réussir ton contrôle, évaluation et/ou exam.

Il te faudra ensuite mémoriser ce que tu as compris pour que les informations ne s'effacent pas au fil du temps.

Tu comprendras, en regardant la courbe de l'oubli du chapitre suivant sur la mémoire (p. 63), combien il est essentiel de ranger rapidement et efficacement toute ta compréhension pour la fixer et pouvoir aller la rechercher en temps voulu. Si tu ne le fais pas, ce qui est ton droit le plus absolu, tu risques de devoir redémarrer ta machine à comprendre le jour J. Tu risques de te poser ce genre de questions : « C'était quoi déjà ce qu'il avait expliqué la fois dernière ? », « Comment je devais faire ? »... Tu réussiras certainement à récupérer ce que tu avais bien compris mais en perdant de précieuses minutes. C'est souvent ce qui arrive lorsque tu ne parviens pas à terminer les exercices d'un contrôle. Tu as compris à nouveau mais le temps t'a manqué, faute d'avoir suffisamment développé les automatismes de mémorisation et de réactivation qui t'auraient permis d'aller beaucoup plus vite pour résoudre des problèmes ou rédiger une démonstration.

Mais il existe d'autres raisons qui peuvent bloquer ta compréhension, comme par exemple lorsque tu ne fais pas de lien entre ce que tu as en stock et ce qui arrive de nouveau. Tu penses que c'est différent et ne parviens pas à accrocher l'information, problème ! Autre blocage : lorsque tu n'as pas suffisamment d'éléments en stock pour comprendre plus qu'un petit morceau d'un grand ensemble. Un peu comme si tu avais quelques pièces de puzzle mais qu'il t'en manquait trop pour savoir ce que cela représente. Ou lorsqu'il te manque le décodeur pour traduire ce qui est dit. Et pas seulement pour les langues étrangères. Il nous manque parfois des termes spécifiques (du langage d'expert en somme) pour comprendre les explications sur la crise économique mondiale, le spectre infrarouge et l'estérification, le brassage génétique au cours de la méiose, *and so on*. À ce moment-là, difficile aussi de comprendre ce qui se raconte.

La compréhension dépend aussi des autres gestes mentaux que tu as découverts ou que tu vas découvrir et notamment l'importance de percevoir correctement, être attentif, mémoriser correctement.

Enfin, tu dois savoir que l'on ne comprend pas tout d'un seul coup. Il n'y a pas de clic magique qui permettrait de faire glisser toutes les informations dans ton dossier « comprendre ».

Pas d'inquiétude, ne pas comprendre n'est pas une fatalité ! Quand tu es entré au CP, tu n'avais pas compris que tu devrais passer beaucoup de temps à l'école. Maintenant si !

Alors comment faire ?

Tu peux commencer par valider ce que tu as compris et isoler ce que tu ne comprends pas. En identifiant ce qui te manque, tu pourras mieux te focaliser sur ce que tu auras à apprendre ou ce que tu auras à revoir si cela n'était pas suffisamment clair pour toi.

Il est très important que tes informations soient claires et précises car elles peuvent s'accrocher plus facilement entre elles et tu peux plus facilement les comprendre. En effet, comme tu l'as vu dans la « minute neurosciences » du début du livre (p. 24), les informations ne sont pas rangées dans des petits tiroirs d'une grande armoire qui serait ton cerveau. Elles sont en interconnexion permanente avec toutes les autres. Plus les interconnexions sont nombreuses, plus tu comprends.

Tu peux aussi te poser des questions pour lesquelles tu vas devoir chercher des informations. Ces questions sont toujours des questions dites ouvertes. La fameuse formule CQQCOQP : comment, qui, quoi, combien, où, quand, pourquoi, et aussi pour quoi (en deux mots). Et par extension, à qui, pour qui, en quoi, en qui, à quoi, lequel, en quel, depuis quand…

Petite mise en pratique

- Choisis un cours sur un sujet que tu apprécies. Cela peut aussi être un sujet hors cours. Par exemple, « Comment Internet a été créé ? », « Pourquoi les poilus s'appelaient-ils les poilus, même s'ils étaient imberbes ? » Enfin, ce que tu veux.
- Attrape ta petite sœur, ta grand-mère ou ton chat et explique-lui ce que tu as compris. Plus la notion est claire dans ta tête, plus tu expliques simplement les choses et tu les rends accessibles même à des néophytes. Au préalable, prépare une présentation rapide qui pourrait répondre aux questions ouvertes de la formule CQQCOQP. Tu peux la faire

sous forme de map (voir Chapitre 9 sur les outils que nous aimons). L'avantage de cette préparation est que tu balayes tous les aspects du sujet. Il se peut bien sûr que tu n'aies pas toutes les réponses à tes questions, peu importe. Tu sais que tu ne le sais pas !

- Dis-toi qu'à partir du moment où tu prononces la phrase « Je ne sais pas comment le dire », il y a de fortes chances que tu n'aies pas bien compris la notion, l'articulation et/ou la logique de ce que tu expliques. En effet, « ce qui se conçoit bien s'énonce clairement et les mots pour le dire arrivent aisément » comme le disait déjà Nicolas Boileau en 1674.

Pour mieux comprendre, tu peux aussi :

- Te faire expliquer les notions par un ami qui semble s'y connaître mieux que toi ;
- Expliquer à ta petite sœur (empruntes-en une si tu n'en as pas) ton cours en mettant des mots les plus simples possibles et/ou en expliquant ce que les mots compliqués veulent dire ;
- Mettre en commun tes informations et celles d'autres collègues car il est prouvé par la Science avec un grand S qu'à plusieurs cerveaux l'information se partage mieux, et donc se comprend mieux ;
- Aller sur des sites très intéressants qui rendent simples les cours les plus compliqués (lesbonsprofs.com).

Tu suis toujours ?!

COMPRENDRE

= faire des LIENS
entre plusieurs infos

Ah OUAIS !

OUF !

mais oui bien sûr !

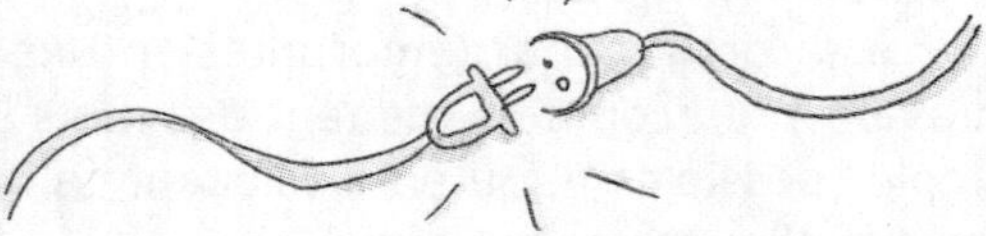

TRADUIRE

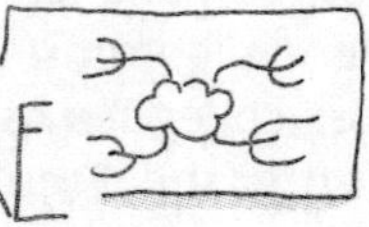

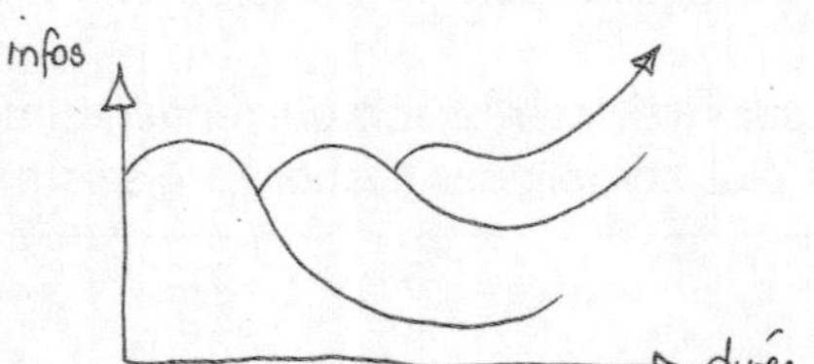

? CQQCOQP ?

STOCK infos + nouvelles INFOS

1ère ÉTAPE

COMPRENDRE = Mémoire de travail

2ème ÉTAPE

DÉVELOPPER DES AUTOMATISMES = Mémoire à long terme

comment ?

- METTRE EN COMMUN des infos
- EXPLIQUER à d'autres
- FAIRE DES RECHERCHES Internet livres

Toi parent

Tu rendras service à ton jeune en supprimant de ton vocabulaire les petites phrases du genre « mais si voyons, c'est facile à comprendre ! », « même ta petite sœur de 7 ans a compris… », « tu ne fais vraiment pas d'efforts pour comprendre » et toute autre remarque qui, même si tu les penses vraiment, ne font pas du bien à ton jeune.

Tu peux aider ton jeune en lui posant des questions ouvertes pour lui permettre de t'expliquer ce qu'il a compris. Sois patient et restreins ton envie d'expliquer à sa place « parce que ça va plus vite ».

N'oublie pas que tu as compris, ou que tu commences à comprendre la notion de crise économique parce que tu as vécu celle de 1974, celle de 1990, celle de 2008, 2009, 2010… et que tu as entendu Roger Gicquel, Yves Mourousi, Bruno Masure, Christine Ockrent, Claire Chazal, PPDA et maintenant David Pujadas et Laurent Delamèche t'expliquer en long, en large et en travers les ressorts économico-politiques de ce que nous appelons communément « C'est la merde ». En résumé, parent, restons humbles !

CHAPITRE 5

Mémoriser

T'es-tu déjà dit ?

- Si seulement je pouvais mémoriser aussi bien mes cours que mes chansons préférées.
- De toute façon, si ça m'intéresse pas, j'peux pas apprendre.
- J'ai une mémoire de poisson rouge. Pas d'bol.

Ce que tu dois savoir d'important

Ce chapitre est fait pour toi car il y a quelques petits trucs que tu dois savoir sur la mémoire.

Comme beaucoup de gens, tu dois certainement penser que la mémoire, c'est génétique. Qu'il y a ceux qui ont une super mémoire et ceux qui ont une mémoire de poisson rouge, que la mémoire est sélective, qu'on perd la mémoire en vieillissant et toutes les autres croyances limitantes qui découlent d'une méconnaissance du fonctionnement du processus de mémorisation.

Or, à moins que tu aies des troubles importants ayant entraîné des lésions irréversibles, tu peux apprendre à mobiliser ta mémoire et même la développer au-delà de toutes tes attentes les plus folles. Et même si tu as des troubles dyslexiques, souvent accompagnés de difficultés de mémoire de travail, tu peux très bien être rééduqué en faisant de l'orthophonie.

Tu fais peut-être partie du cercle très envié des champions de la mémoire, ou tu en connais forcément. Tu sais, ceux qui ont besoin de lire une seule fois le cours pour le retenir, ou mieux, qui disent : « C'est bon, j'ai pas besoin d'apprendre, j'ai tout écouté et j'ai tout retenu de ce qu'a dit le prof ! » Erreur !

Les champions de la mémoire ne savent pas qu'ils n'ont utilisé que leur mémoire de travail, très performante, mais que, s'ils ne font rien de plus, les informations disparaîtront peu à peu pour laisser de la place à d'autres plus récentes.

Le mystère de la mémoire sélective

À la question : « As-tu une bonne mémoire ? », si tu réponds : « Ça dépend pour quoi », tu as en partie raison ! Mais ça n'est pas une fatalité.

En effet, le processus de mémorisation dépend de plusieurs facteurs :

- l'intérêt,
- la motivation,
- le projet de mémorisation,
- le niveau de difficulté,
- l'état physique et émotionnel.

Notre mémoire peut donc facilement être mobilisée si l'on prend en compte ces différents facteurs.

Par exemple, si tu détestes la physique ou le droit constitutionnel, il y a de fortes chances que tu ne sois pas motivé pour apprendre ton cours puisque tu n'y vois pas d'intérêt. « À quoi ça me sert la géométrie dans l'espace, j'veux pas être architecte plus tard ! »

Le problème est que, quelle que soit la voie que tu as choisie, tu devras toujours te coltiner des matières que tu n'aimes pas et que tu devras quand même apprendre. Si ton projet de mémorisation dépend de ton goût pour les matières, tu risques d'être souvent déçu par tes performances. En revanche, si tu déplaces ton projet de mémorisation sur l'objectif de pouvoir récupérer les connaissances le jour de l'examen par exemple, alors tu vas pouvoir mobiliser ta mémoire efficacement.

Que l'objectif soit d'avoir une bonne note, de rassurer tes parents, d'avoir l'autorisation de sortir ou de passer dans l'année supérieure, etc., cela importe peu.

Choisis bien l'objectif qui te permettra de sortir du « j'aime/je mémorise VS j'aime pas/j'oublie ». Tu verras, ça aide.

Une mémoire limitée dans le temps et dans l'espace

Grâce à l'apport des sciences cognitives, nous savons aujourd'hui que notre cerveau est limité en quantité d'informations entrantes.

Ainsi, nous avons une mémoire instantanée limitée dans le temps et dans la quantité.

Mémoire à court terme et mémoire à long terme, c'est pas le même combat

La mémoire de travail, aussi appelée mémoire à court terme, nous permet de capter les informations que nous percevons sur le moment, et cela pour une durée limitée. Elle dépend étroitement de nos capacités d'attention et de concentration, comme tu as pu le comprendre au Chapitre 3 sur l'attention et la concentration.

Quand tu assistes à un cours et que tu arrives à bien mobiliser ces deux capacités, alors tu te constitues un petit stock sympathique de connaissances. Mais attention ! Les informations stockées au cours de la journée vont disparaître pour laisser de la place aux suivantes.

Eh oui, le cerveau humain est programmé pour oublier. Tu avoueras que dans certaines situations, la nature est bien faite. Il y a des événements qu'il n'est pas préférable de garder en mémoire, si tu vois ce que l'on veut dire…

Aussi, est-il très important, si ces informations doivent te servir pour plus tard, de ne pas les perdre et de les enregistrer dans ta mémoire à long terme.

La mémoire à long terme, quant à elle, peut être considérée comme la mémoire du souvenir. Contrairement à une croyance fort répandue, les informations n'y sont pas rangées dans des petits tiroirs mais se « reconstituent » à la demande, d'autant plus vite que nous les aurons mémorisées plusieurs fois et de manières différentes.

Cette mémoire à long terme fait appel aux cinq sens et aux émotions. Elle aime les petites histoires, les anecdotes et est très sensible à l'humour, au burlesque et à tout ce qui est saugrenu, voire sexuel. (Eh oui le cerveau est un petit coquin !)

Un espace de cerveau disponible limité dans l'espace

Notre cerveau est constamment exposé à des milliers d'informations. Contrairement aux « bonnes » boîtes de nuit qui se respectent, il n'a pas de videur à l'entrée qui décide de qui est digne de rentrer ou pas (t'as des baskets, tu rentres pas ; t'es fraîche, tu rentres).

Notre cerveau laisse entrer toutes les informations, des plus insignifiantes aux plus importantes, les positives comme les négatives, les réjouissantes comme les plus déprimantes, les cours comme le dernier tee-shirt à la mode, les musiques, les films et les réseaux sociaux. Notre mémoire étant limitée dans le temps et dans l'espace, quand notre disque dur interne est trop chargé, notre cerveau va effacer une grande partie des informations sans filtre qualitatif.

Imaginons que ma capacité de stockage à court terme est de six à huit informations. Si je fais entrer vingt informations, mon cerveau va automatiquement en éjecter entre douze et quatorze.

Imaginons maintenant que sur les vingt informations, quinze n'aient aucun rapport avec les cours, et soient superficielles, voire carrément négatives. Il est mathématique qu'après avoir éjecté les informations surnuméraires, mon cerveau garde en mémoire un plus grand nombre d'informations superflues par rapport à mon objectif de mémorisation des cours. Adieu Keynes, Proust, Diogène et la mécanique des fluides !

Alors comment faire ?

Les conseils qui suivent risquent un peu de t'énerver car tu les as certainement entendus plus d'une fois. Cependant, si l'on reprend l'apport des neurosciences sur le fonctionnement de la mémoire, il se dégage trois méthodes pour mémoriser beaucoup et pour longtemps. La phase d'énervement passée, et si tu nous fais toujours confiance, essaie et on en reparle après.

Détoxifie ton cerveau pour créer de l'espace libre

Puisque ton cerveau ne fait pas le tri à l'entrée, c'est à toi de choisir les sources d'informations que tu laisses entrer dans ta tête. Le mode d'emploi est très simple : coupe et verrouille toutes les sources d'infos qui n'ont rien à voir avec ton projet de mémorisation (SMS, jeux, téléréalité, magazines, musique, Facebook, Twitter, Snapchat et autres réseaux sociaux) pendant le temps que tu as prévu pour apprendre ton cours. Tu les retrouveras ensuite avec d'autant plus de plaisir que tu auras expérimenté la satisfaction de l'efficacité d'un temps consacré à l'étude.

Parfois, le parasitage ne vient pas de l'extérieur mais de l'intérieur. Tu rumines tes soucis, tu te poses des questions existentielles, tu es contrarié ou en colère. Dans ce cas, pour apprendre à stopper le petit hamster qui tourne dans la roue de cerveau (c'est une image bien sûr ! nous n'avons pas encore vu de hamster et encore moins de cages dans un cerveau humain), reporte-toi à l'exercice qui t'est proposé p. 103.

Mémorise en mode cinématographique

Si tu veux mémoriser des informations à long terme, tu vas devoir oublier cette fâcheuse habitude de répéter de façon monocorde et linéaire tes cours comme un perroquet neurasthénique. Mets de la vie, de l'humour et de l'originalité dans ta mémorisation. Raconte-toi des histoires et transforme les informations.

Notre mémoire fonctionne beaucoup mieux si nous utilisons tous nos sens. Nous exagérons au maximum ce que nous devons mémoriser si nous mettons de la couleur, du mouvement, des symboles, des associations d'idées et de l'humour, même sur des sujets aussi fun que les vecteurs ou la monarchie de Juillet.

Nous avons tous des profils prédominants d'évocation différents :

- Si tu es kinesthésique, c'est-à-dire que tu as besoin de mouvement, apprends tes cours en marchant, en faisant le poirier, en sautant, en mimant les situations ou encore en traçant des schémas avec ton doigt dans l'air.

- Si tu es verbal, c'est-à-dire que tu as besoin de te parler dans ta tête pour faire exister les informations, raconte et parle de ce que contient ton cours, transforme-le en histoire et fais des associations d'idées.
- Si tu es visuel, c'est-à-dire que tu vois dans ta tête les informations sous forme de films ou de photos, ajoute des couleurs et photographie ton cours en détail et en globalité.
- Si tu es auditif, c'est-à-dire que tu entends les informations qui se répètent avec la voix du prof ou que tu entends les sons, repense au prof et réentends le cours. Et si tu n'aimes pas ton prof, imagine que c'est Bradley Cooper, Megan Fox, Emma Watson ou Maître Gims que tu entends parler d'énergie cinétique, de la guerre froide ou des conséquences économiques du réchauffement climatique.

Quel que soit ton profil d'apprentissage, amuse-toi à transformer les informations en petits dessins et schémas. Tim Burton, le génial réalisateur, entre autres, de *Beetlejuice* ou d'*Edward aux mains d'argent*, a écrit un jour : « Je ne me suis pas demandé si je savais dessiner. Je l'ai fait ! » Et c'est comme cela qu'il a créé ses personnages qui sont maintenant sa signature. Lorsque l'on voit un personnage de Tim Burton, l'on sait qu'il a été créé par Tim Burton. Alors comme lui, ne te demande pas si tu sais dessiner. Fais-le !

Plus tu transformes l'information, plus tu te l'appropries, plus tu crées des connexions neuronales fortes, plus l'empreinte mnésique est profonde.

On continue ?!

Petite mise en pratique

Nous te proposons un challenge.

Tu vas devoir mémoriser les 12 éléments de la liste qui suit en une fois.

1. Le Déjeuner sur l'herbe de Manet au Musée d'Orsay, salle 29.
2. Une Mercedes Classe A, grise métallisée, intérieur velours noir.
3. Une paire de Nike verte taille 41.
4. Un kebab frite sauce américaine sans salade.
5. Trois moustiques d'Amazonie, un dodu et deux maigres.
6. Un billet aller-retour Los Angeles, départ Roissy demain à 10 heures.
7. Une leçon sur la masse molaire.
8. Un babouin dans un boabab qui boit du lait de coco.
9. 150 000 € en billet de 20 € usagés.
10. Un concert de Rihanna au Stade de France.
11. Deux pots de confiture de groseille de 150 g chacun.
12. Une sieste au bord de la piscine au mois d'août.

Mais tu ne vas pas le faire de manière traditionnelle.

Nous allons d'abord te demander de regarder, l'un après l'autre, douze emplacements dans ta chambre. Par exemple, la porte en 1, la lampe de chevet en 2, ton lit en 3, le poster de qui tu veux en 4 et ainsi de suite tout autour de ta pièce jusqu'à 12. Il s'agit juste de déterminer comme un parcours dans ta chambre avec 12 étapes.

Ensuite, tu vas accrocher à chaque étape le mot ou l'expression de la liste. 1er élément sur l'étape 1.

Ici, « Le Déjeuner sur l'herbe de Manet au Musée d'Orsay, salle 29 » (eh oui, l'élément tout entier) sur la porte par exemple, puis « Une Mercedes Classe A, grise métallisée, intérieur velours noir » sur la lampe de chevet, et ce jusqu'au bout. Tu vas les mémoriser non pas en le répétant en boucle mais en les imaginant à chaque endroit. Et tu vas les imaginer avec tous tes sens. La vue, l'ouïe, le goût, le ressenti, l'odorat. Tu vas peut-être voir le mot qui s'écrit, ou peut-être que tu vas ressentir du plaisir ou du dégoût, peut-être que tu vas te raconter une histoire. Tu fais exactement comme tu veux, personne ne t'observe et on ne peut pas encore lire dans tes pensées. Sache cependant que plus l'association entre le mot et le lieu est farfelue, décalée, gore, voire osée, plus tu t'en souviendras.
Une fois que tu as accroché tous les éléments sur les étapes, cache la liste écrite et fais le tour des étapes dans la pièce pour vérifier ce que tu as mémorisé. Tu vas vite te rendre compte que tu te souviendras facilement des éléments sans avoir fait d'efforts.

Et tu peux faire le tour des étapes dans l'ordre ou dans le désordre, ça marche aussi. Pourquoi ? Parce que cette technique s'appelle la méthode des lieux et utilise la spatialisation de l'information. Si tu sais où tu as placé une idée, tu sais comment la récupérer. C'est aussi simple que ça et c'est une méthode qui date de l'Antiquité au temps où le smartphone n'existait pas… La loose !

Toi parent

Revisite tes croyances sur la mémoire. Ce n'est pas parce qu'on veut qu'on peut. Il ne suffit pas d'apprendre par cœur. Ta méthode de mémorisation n'est pas forcément celle qui convient à ton jeune. Aide-le à découvrir son mode.

Plutôt que de l'enfermer pendant deux heures dans sa chambre jusqu'à ce qu'il connaisse par cœur son cours, pose-lui des questions à partir du cours, demande-lui de t'expliquer de quoi ça parle, fais des petits dessins si tu en as envie et si ton jeune est suffisamment coopérant. Demande-lui d'imaginer quelles questions le prof pourrait poser sur un sujet donné.

MÉMORISER

Le mystère de la mémoire sélective

INTÉRÊT

MOTIVATION

PROJET DE MÉMORISATION

État physique & émotionnel

niveaux de difficulté

SPATIALISER

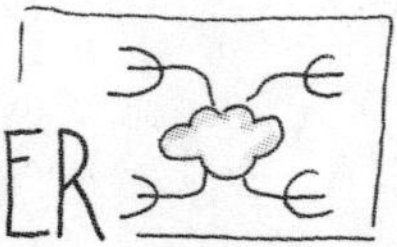

= mieux mémoriser

METTRE en scène les connaissances

EN MODE CINÉMA

@ isapailleau - 2015

2 MÉMOIRES

pas le même combat

de TRAVAIL
COURT TERME
limitée en stock & durée

LONG TERME
SOUVENIRS
5 sens - émotions

LIBÉRER de L'ESPACE

Mémoire disponible

9.12 GB

Détails

SEXE	5,25 GB
COURS	1,10 GB
AUTRES	2,25 GB

ET TOUJOURS

RÉACTIVER

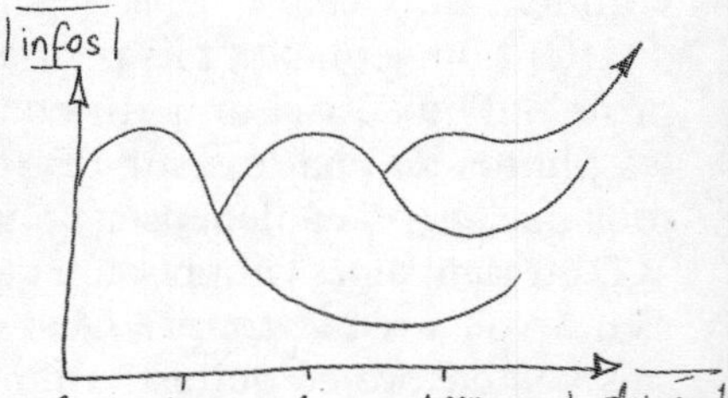

CHAPITRE 6

Réfléchir

T'es-tu déjà dit ?

- J'ai l'impression que mon cerveau est comme un hamster qui tourne dans sa roue. Où est la sortie du labyrinthe ?
- Pourquoi les profs font des contrôles qui n'ont rien à voir avec le cours ?

Ce que tu dois savoir d'important

Tu pourrais penser que pour devenir prof il faut avoir une bonne dose de perversité. Pas suffisamment pour tenir le premier rôle dans *Saw*, mais quand même… Nous entendons très souvent : « Purée je l'ai appris pourtant son p… (bip) de cours, et il a mis des questions qui n'avaient aucun rapport. C'est vraiment du vice. »

Attention, jeune, tu fais peut-être fausse route. Les profs ont eux aussi un petit cœur qui bat et aiment les photos de chatons sur FB (ou pas) et n'ont pas tous de l'énergie à dépenser pour piéger leurs élèves.

D'où vient alors l'impression que l'évaluation n'avait rien à voir avec le cours ? C'est que, peut-être, tu ne sais pas encore ce qui est vraiment en jeu dans une évaluation au niveau du lycée et des études supérieures.

• **Réfléchir, c'est faire des allers-retours.**

Ce qui est en jeu, c'est la « réflexion », mais pas au sens « mais bon sang, réfléchis ! », genre « pense avec ta tête ». Non, la réflexion, c'est l'action par laquelle tu vas chercher dans ton stock de connaissances, les règles, les expériences et les éléments pertinents pour répondre à une question, un énoncé ou un problème.

Tu vas donc faire des allers-retours entre l'énoncé, la consigne et ce que tu as stocké dans ta mémoire. D'où l'utilité d'avoir bien mémorisé car tu ne peux pas réfléchir à partir de rien. Si tu nous donnes comme énoncé « Présenter les étapes de la découverte et du développement de la physique quantique depuis son origine », nous aurons peu de choses à te dire car nous n'y connaissons rien, sauf que les frères Bogdanov ont un peu à voir avec ça... ou pas. Nous n'avons pas fait de stock sur la question.

En revanche, si tu nous demandes de faire la même chose avec la psychologie positive, les troubles des apprentissages ou *Dr House*, nous en aurons certainement pour quelques heures d'exposé. Pour réfléchir, tu ne vas pas piocher au hasard dans ton stock de connaissances. Il va te falloir chercher les éléments qui répondent vraiment à la consigne ou au problème.

Tu devras d'abord être attentif à la consigne, les éléments et les questions. Tu devras ensuite lire la consigne pour y reconnaître les connaissances que tu as acquises, puis identifier la question à résoudre, revenir dans ton stock de mémoires, choisir les connaissances en lien avec le problème, puis répondre correctement. Si tu ne fais que « recracher » du cours, comme tu n'as pas trié et mis en perspective les informations du cours, tu ne pourras pas répondre correctement aux questions posées.

Alors comment faire ?

S'entraîner sur les annales. Faire l'aller-retour entre les questions et le cours. Au bout d'un moment, tu verras que c'est toujours la même mécanique. Une fois que tu maîtriseras la mécanique, tu n'auras plus de mauvaise surprise. D'où l'importance de la préparation.

Petite mise en pratique

Lis l'énoncé suivant et tente de trouver la réponse : « D'où vient l'énergie nécessaire à la réalisation du travail musculaire ? » (SVT niveau Seconde).
Si cette question déclenche chez toi une crise d'urticaire géant car tu es super allergique à la SVT, choisis un énoncé que tu aimes dans tes annales de Bac.
Une fois que tu as trouvé la réponse, ne t'arrête pas là.

Réponds aux questions suivantes :

- Comment as-tu fait ?
- Quels sont les éléments que tu as identifiés comme étant importants pour t'aider à résoudre ce problème ?
- Quelles connaissances as-tu en mémoire pour pouvoir trouver la solution ?

Toi parent

Si tu pouvais arrêter de lancer à tout bout de champ l'injonction « fais un effort, réfléchis », tu serais d'une très grande aide pour ton jeune. Car réfléchir n'est pas inné, ça s'apprend.

Si vraiment tu veux aider, joue au candide et pose mille questions et demande à ton jeune de t'expliquer... la masse molaire, l'énergie cinétique, la philosophie des Lumières, la vie sexuelle des plantes, etc. (et en plus tu vas apprendre plein de trucs car c'est pas la peine de nous faire croire que tu t'en souviens).

Ça va toujours ?!

réfléchir

RÉFLÉCHIR c'est se poser des **QUESTIONS**

→ **CQQCOQP**

FAIRE des

ALLERS

RETOURS

entre les ? et le COURS

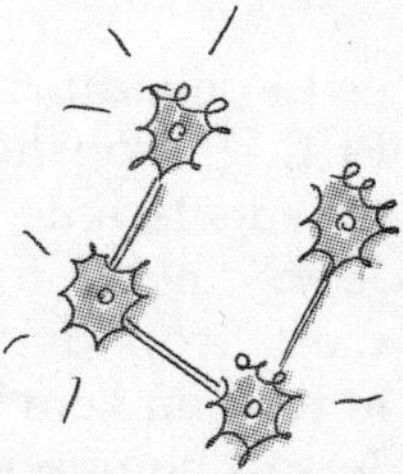

Au LYCÉE et après le par ♡ ne suffit +

AGITE TES NEURONES!

et ta matière grise...

Annales 2015 et après Exams au TOP

ASTUCES

S'ENTRAÎNER AVEC LES ANNALES POUR ÊTRE PRÈS DE SON OBJECTIF

@ isapailleau. 2015

CHAPITRE 7

Se motiver

T'es-tu déjà dit ?

- Pffff... Trop la flemme... C'est pas d'ma faute si j'suis fatigué.
- Je m'y mets à fond demain. (Répété tous les jours.)
- C'est trop dur d'être motivé quand le cours, le prof ou l'environnement de travail est chiant !
- Je sais ce que j'ai à faire mais c'est plus fort que moi, je n'arrive pas à m'y mettre.
- De toute façon, ça sert à rien.

Ce que tu dois savoir d'important

Contrairement à ce que pensent certains adultes, la motivation ne tombe pas du ciel. Il n'y a pas une recette magique pour être motivé. Dans notre jargon, on dit que la motivation est multifactorielle, c'est-à-dire qu'elle dépend de plein d'autres choses pour exister.

Même si tu n'es pas grand fan de latin, l'étymologie du mot « motivation » t'aidera à comprendre ce que cela veut vraiment dire : « *movere* » en latin signifie « se déplacer, être en mouvement », ce qui a donné en anglais le « *motion picture* », autrement dit le dessin animé.

La motivation, c'est donc ton moteur interne avec un starter et un booster comme dans une voiture ou une moto. Comme pour la voiture, ton cerveau a besoin d'une direction s'il veut démarrer son moteur. Enfin, c'est la puissance du moteur et sa fiabilité qui vont te permettre de persévérer vers l'objectif en surmontant les obstacles et les difficultés qui pourraient se mettre en travers de ta route.

Mais alors qu'est-ce qui fait que, parfois, ton moteur est au point mort ? Que tu n'arrives pas démarrer ? Que tu t'arrêtes en cours de route ? En une question : **qu'est-ce qui bloque la motivation ?**

Il y a trois facteurs qui peuvent bloquer ta motivation :

- Le manque ou la perte de confiance en toi.
  Si tu ne crois pas en toi et en ta capacité à réussir, à quoi bon commencer ? Si les résultats ne sont pas au rendez-vous et que tu ne te vois pas progresser, dur dur de maintenir le cap.
- L'absence d'objectif et de méthode.
  Si tu ne sais pas quoi faire, et pour quoi tu le fais, comment avoir envie de s'y mettre ? Si tu ne trouves pas de sens à ce que tu fais et que tu ne fais pas le lien avec un grand projet qui te tient à cœur ou un rêve que tu aimerais réaliser, pas évident de persévérer sans but. Si tu ne sais pas comment faire, comment rester motivé ?
- L'absence de plaisir, de joie et d'enthousiasme.
  Si tu n'aimes pas ce que tu fais ou si tu n'as pas au moins le plaisir de la réussite, comment maintenir ta motivation, surtout quand ça devient difficile ?

Alors comment faire ?

Comment faire pour booster ta motivation ?

Poursuis tes rêves jusqu'à les attraper

Certains patrons fondateurs de grandes sociétés comme Free, Auchan, Afflelou, Décathlon, Dessange, Citroën, ont raconté qu'ils étaient plutôt fâchés avec l'école. Mais leur curiosité, leurs talents, leur audace et leur persévérance leur ont permis de faire ce qu'ils voulaient faire. Quand on les interroge, ils disent tous qu'ils n'y sont pas arrivés du premier coup et qu'ils ont essuyé des échecs avant de trouver la bonne formule, la stratégie gagnante.

Il en est de même pour les sportifs professionnels, les acteurs, les chanteurs, les auteurs que tu admires. Ils ont tous un point commun : ils ont tous été confrontés à des obstacles, des erreurs, des refus, des frustrations, des portes qui se ferment… et ils ont tous continué à poursuivre leur rêve.

Fais-toi plaisir

Quand tu travailles, tu peux trouver du plaisir dans la matière elle-même. À défaut, tu peux trouver, même dans une matière que tu n'aimes pas, le plaisir dans la réussite, le plaisir du travail accompli, la fierté des efforts que tu as fournis et le plaisir dans les progrès que tu fais.

Tu peux aussi trouver du plaisir dans la manière de travailler. Même si tu n'aimes pas du tout l'Histoire, en changeant ta méthode de travail, ton cours sur la Restauration au XIXe en France (non, pas celui sur la répartition géographique de Subway®, McDo®

et KFC®) peut être appris sans douleur, vite fait, bien fait. Et ça, ça fait plaisir même si ça ne te fait pas plus aimer l'Histoire.

Réduis l'impact « ils me saoulent grave » de tes parents

Comme nous te l'avons dit en préambule de ce livre, nous sommes aussi des mamans. À ce titre, nous savons qu'un parent inquiet pour son enfant peut devenir un vrai pitbull. Eh oui ! Inquiet ! Ce que tu peux interpréter comme une intention de t'embêter ou un trait de caractère immuable n'est qu'une manifestation de la peur parentale.

Nous entendons souvent ce genre de réflexions dans notre cabinet : « Ma mère, comment elle est chiante ! Et en plus, elle a laissé son humour dans les années 80. » Comme tu peux le constater, nous aussi. Ou bien : « Mes parents, c'est pire que le plan Vigipirate et Épervier réunis. Ils contrôlent tout. C'est tout juste si je n'ai pas le droit à une fouille au corps chaque jour et à une balise GPS implantée sous la peau. »

Si tu es dans ce cas, tu sais ce qu'il te reste à faire. La perspective que tes parents te lâchent les baskets est, en soi, un super levier de motivation. Si tu ne vois pas trop l'utilité d'apprendre « La régulation et les déséquilibres macroéconomiques » ou « La réplication semi-conservative de l'ADN », fais-le en pensant à tous les bénéfices que tu pourras avoir quand tes parents seront rassurés de te voir travailler pour de vrai. Certains de tes camarades l'ont bien compris et nous le disent souvent : « De toute façon, moi j'ai compris un truc, tant que j'ai des bonnes notes, mes parents me lâchent les baskets. Ils me laissent sortir, ils me font plaisir. »

Bon, il est vrai qu'on est encore loin des leviers de motivation tels que le plaisir de la réussite, du travail accompli ou du sens profond du travail et de sa finalité individuelle. Mais c'est déjà un début.

Tu peux aussi essayer de changer de regard sur tes parents. Arrête de les voir simplement comme de « gros râleurs qui sont là rien que pour t'embêter ». Fais-leur confiance et accepte leur aide. Peut-être qu'en collaborant plus, ils deviendront de bons partenaires de ta réussite, en tout cas des soutiens.

Fais-toi confiance

Lorsque tu avais autour d'un an, tu as essayé pour la première fois de lâcher la table du salon pour tenter un premier pas et tu es tombé sur ta couche. Tu as réessayé et tu es encore tombé. À ton avis, au bout de combien de chutes, t'es-tu dit « C'est mort, j'y arriverai jamais, j'laisse tomber, c'est pas pour moi la marche. En plus, j'ai trop la flemme » ?

Sois indulgent avec toi-même : « J'essaie toujours de faire de mon mieux, parfois j'y arrive, parfois je n'y arrive pas tout de suite, mais j'y arriverai plus tard. » L'objectif est de ne pas te décourager et de poursuivre tes efforts demain.

Connais-tu le moyen de booster ta réussite ? Ça commence par se donner le droit à l'erreur. Car c'est en faisant des erreurs qu'on apprend. Cela peut paraître dingue pour toi qui grandis dans un monde d'évaluation constante. Ce monde scolaire où la moindre faute est traquée par un stylo rouge démolisseur de moyenne générale. Et pourtant, plus tu essaieras, plus tu te planteras, plus tu recommenceras en testant une autre méthode, plus tu augmenteras tes chances de capter les cours et réussir.

Et comme c'est un cercle vertueux, plus tu réussiras, plus tu gagneras en confiance, plus tu auras envie de persévérer, plus tu y arriveras, *and so on*...

Sais-tu que de nombreuses grandes inventions et réussites viennent d'une grosse erreur de leur auteur ? Christophe Colomb a découvert l'Amérique alors qu'il voulait rallier le Japon et la Chine (si tu es bon en géo, on te laisse apprécier la taille du doss').

En 1954, un employé d'une usine de chocolat ajoute du caramel dans la composition des friandises pour écouler un excédent de chocolat. Il calibre mal la machine qui, au lieu de produire des caramels carrés, sort des friandises en forme de bâtonnets rectangulaires : le Carambar était né.

Prends conscience de tes talents et de tes forces

Nous sommes toujours super étonnées de recevoir des jeunes qui n'ont aucune conscience de leurs qualités, de leurs talents et de leurs forces de caractère.

En général, les jeunes sont traînés dans notre cabinet par leurs parents pour les mêmes raisons assez récurrentes : mauvais résultats scolaires, manque de motivation (appelée souvent fainéantise ou « foutage de gueule »), manque de confiance en soi, problèmes relationnels, etc. Et quand nous posons la question : « Quelles sont les qualités que tu penses avoir, tes forces, tes talents, tes super pouvoirs ? », la réponse obtenue est souvent : « Prrrrrrrrrrr », voire une liste de qualités négatives (des défauts quoi). Au mieux, nous avons quelquefois un « je suis gentil » ou « je fais bien les gâteaux ». Un peu léger, non ?

Or, les chercheurs en Psychologie Positive[1] ont identifié vingt-quatre forces de caractère différentes, ou qualités si tu préfères. Mais nous préférons les appeler des forces car cela permet de sortir de la dualité qualités/défauts. Nous ne croyons pas du tout au déterminisme du bon ou du mauvais caractère, sinon certains parents penseraient qu'ils se sont fait arnaquer par Dame Nature, cette... bip, bip, bip. Nous sommes des êtres en développement tout au long de notre vie.

Ces forces de caractère sont considérées comme notre personnalité positive en ce qu'elles nous donnent les compétences humaines de base pour penser, sentir et interagir de manière positive avec le monde et les autres.

Ces traits de caractère sont universels (par exemple : curiosité, générosité, amour du beau, courage, etc.), mais leur expression diffère d'un être humain à l'autre. C'est ce qui rend chaque individu unique et merveilleux.

Les chercheurs ont également découvert que les personnes qui connaissent et utilisent leurs talents uniques à tous les niveaux de leur vie augmentent leurs chances d'être heureux. Ils augmentent aussi leurs chances de vivre une vie riche et épanouissante, sont plus impliqués dans leur travail et ont des relations plus solides.

---

1. La psychologie positive est l'étude scientifique des forces, du fonctionnement optimal et des déterminants du bien-être. Ce champ de la psychologie vise à mieux cerner ce qui fait que la vie vaut la peine d'être vécue (source : Wikipédia).

Le problème, à l'heure actuelle, est que le système éducatif valorise seulement quelques-unes de ces forces et en a fait une norme : maîtrise de soi et autorégulation ; précaution, prudence et discrétion ; assiduité, application et persévérance ; amour de l'étude, de l'apprentissage. Ça fait quatre forces sur vingt-quatre, et là comme tu es balèze en maths, tu réponds un sixième. La misère en somme…

C'est pour cette raison que beaucoup de jeunes que nous rencontrons avouent ne pas trouver leur place à l'école. Ils sont nombreux à avoir le sentiment d'être nuls, à défaut de ne pas avoir ces quatre forces en première position dans leur caractère.

Et comme nous sommes dans un système où l'on pointe toujours du doigt les défauts et les faiblesses plutôt que de valoriser les points forts et les talents (même non scolaires), il est difficile d'avoir confiance en soi et de maintenir un bon niveau de motivation.

Si tu te reconnais dans ce que nous venons d'expliquer, alors va passer le test gratuit en ligne qui va te révéler tes forces de caractère (www.viacharacter.org/survey/account/register)[1]. Tes forces sont comme des super pouvoirs[2] que tu peux activer et sur lesquels tu peux t'appuyer en toutes circonstances.

Tu verras que tu disposes d'un profil unique de talents à découvrir et à développer. Pour reprendre la métaphore de la voiture, c'est comme si tu avais un réservoir d'énergie qui comporte vingt-quatre forces

1. Ce test est un peu long mais vaut vraiment le coup d'être réalisé. Ne te décourage pas jeune, tu vas découvrir tes super pouvoirs.

2. Comme le dit notre amie Florence Servan-Schreiber dans *Power Patate*, Marabout, 2014.

de caractère… pas seulement les quatre plus scolaires. À l'issue du test, tu recevras un classement des vingt-quatre forces. Elles sont classées en fonction de l'importance que tu leur accordes.

Il est intéressant de voir tes cinq premières qualités. Elles sont tes valeurs sûres. Celles sur lesquelles tu peux t'appuyer en toutes circonstances. Rien ne t'empêche, cependant, de développer une ou plusieurs autres qualités.

Plus tu nourriras tes qualités, plus tu prendras confiance en toi. Tu verras qu'il y a des forces qui ne sont pas directement liées au travail scolaire, mais qui sont d'une grande aide dans la vie.

Et c'est important, surtout si tu galères en cours, de prendre conscience que tu possèdes ces talents et ces forces de caractère en toi. Tu verras même que tu pourras les activer pour t'aider à atteindre des objectifs plus scolaires.

Par exemple, si une de tes forces principales est la curiosité, même si le cours du prof est naze, rien ne t'empêche de faire ton cours en allant piocher des infos dans les manuels, sur Internet, tutoriels, vidéos et autres sites.

Si une de tes forces principales est l'intelligence sociale, tu te verras peut-être reprocher de trop bavarder car tu aimes être en lien avec les autres. De notre point de vue, tu peux transformer ces reproches en une force qui peut te permettre par exemple de développer un travail collaboratif avec tes potes. Se poser des questions mutuellement sur un sujet, aller faire des recherches ensemble, expliquer à un copain permet de mémoriser en même temps. Les meilleurs professeurs sont souvent nos pairs.

Développe ton autonomie d'apprentissage

Pour faire grandir ta motivation, il est souvent nécessaire d'avoir les clés du camion. En un mot, il faut que ce soit toi qui conduises.

Comme nous te l'avons dit dans le Chapitre 2 « Se préparer pour le jour J », il existe des programmes, des annales, des manuels, des sites Internet avec tout ce qu'il faut dedans pour développer ton autonomie d'apprentissage.

Ne te limite pas à ce que dit ton prof et à ce qu'il te fait écrire. Sois curieux et va enrichir tes cours. Tu verras que tu mettras ton cerveau dans une dynamique de recherche active qui développera ton appétit d'en savoir plus, donc ta motivation.

Définis ton objectif

Tu as vu en début de chapitre qu'il est nécessaire d'avoir un objectif pour avoir la motivation de travailler.

Mais qu'est-ce qu'un objectif ?

C'est un but à atteindre, un rêve à réaliser. L'importance de l'objectif est variable. Il y a des objectifs simples et de grands objectifs. Il y a des objectifs à court, moyen ou long terme.

Pour être efficace, il est nécessaire que l'objectif soit précis et atteignable, et surtout qu'il dépende de toi.

Si par exemple, tu nous dis que ton objectif est que la prof de maths arrête de mettre les pulls multicolores qu'elle a tricotés dans les années 70, oublie tout de suite, ça ne dépend pas de toi. À moins que tu ne les lui piques pour les brûler. Ce à quoi nous nous opposons fortement.

- **Atteignable et réalisable :** si ton objectif est de voler comme les super héros, de te téléporter,

ou encore d'avoir une cape d'invisibilité. Oublie aussi.
Ton objectif doit être réalisable matériellement ou intellectuellement dans les limites des lois de la physique actuelle.

- **Précis :** si ton objectif est d'avoir un super job pour gagner plein d'argent. Oublie encore. Ton objectif a besoin d'être précisé. Dans quel contexte ? Quand ? Avec qui ? Où ? Quoi ? Comment ?
Si ton objectif est trop vaste ou trop loin dans le temps, décompose-le en une série de petits objectifs. Par exemple, si tu as 16 ans et que tu souhaites devenir acteur, commence par prendre des cours de théâtre. Lis des pièces qui te plaisent, regarde des films qui t'inspirent et renseigne-toi sur les conditions d'admission au Conservatoire. Nourris chaque pas vers ton objectif.
- **Évaluable :** à quoi sauras-tu que tu as atteint ton objectif ? Que ressentiras-tu ? Que penseras-tu quand tu auras réussi ? Que pourras-tu observer concrètement dans ton comportement ? Dans ton entourage ? Ton environnement ?
Il faut que tu puisses avoir des indicateurs qui montrent que tu te rapproches de ton objectif.
- **Bon pour toi :** tu dois pouvoir également dire en quoi la réalisation de cet objectif est importante pour toi, à un niveau existentiel, voire peut-être spirituel.
Tu dois aussi vérifier que ton objectif est bon pour toi et que tu pourras assumer les conséquences pour toi et pour les autres. N'oublie pas qu'il n'existe pas de « voies royales »

ou de « bons métiers » universels. Il existe un ou des métiers que tu exerceras au long de ta vie et qui correspondront à tes talents, à tes envies et à tes opportunités. Mais n'oublie pas que rien n'est figé.

Fais des petits pas

« J'ai 10 kg à perdre. C'est trop difficile, je n'y arriverai jamais », « Je dois apprendre tous les courants littéraires pour l'oral », « Je dois ranger toute ma chambre, ça va me prendre des jours, j'ai le seum ! »

Autant de pensées décourageantes qui te viennent face à une tâche de grande ampleur et/ou difficile, et qui peuvent bloquer ta mise en route. Et c'est humain !

Si je me trouve au pied d'une montagne de 1 000 m et que je me focalise sur le sommet, je risque très vite d'avoir peur d'échouer et de me démotiver. Or, si je me dis que mon objectif est de gravir 10 m, la tâche va me paraître facile, je vais avoir envie d'y aller et je mets toutes les chances de mon côté pour réussir ce premier objectif. Une fois l'objectif de 10 m atteint, je ressens une satisfaction. Ta motivation est stimulée et tu peux repartir pour un nouvel objectif de 10 m. Et ainsi de suite...

C'est ce que l'on appelle la méthode du kaizen, le principe d'amélioration continue. D'origine japonaise, cette philosophie de vie trouve beaucoup d'applications tant dans la vie personnelle que professionnelle.

Si tu veux changer quelque chose dans ton comportement, réaliser une tâche quelle qu'elle soit, difficile ou pas, tu vas découper le grand objectif en toutes petites étapes plus faciles à faire. Apprendre tous les grands courants littéraires, ça démarre déjà par connaître les auteurs majeurs du surréalisme !

Apprends par petits morceaux et varie les exercices et les matières pour éviter que ton cerveau ne fasse une indigestion : « Trop de maths tue les maths. » Planifie ton travail sur la semaine pour pouvoir faire les choses sans te stresser et laisser le temps à ton cerveau d'intégrer.

Petite mise en pratique

Et toi, quel sera ton premier petit pas ?
Liste une série de tâches pour lesquelles tu penses vraiment manquer de motivation.
Choisis-en seulement une. Par exemple : lire *Madame Bovary* de Jay Z ou de Gustave Flaubert.
Découpe cette tâche en petits morceaux, hachés menu menu, en tenant compte de la date où se déroulera ton contrôle de lecture.
Tu as 500 pages à lire avec délectation… ou pas, en 30 jours environ. Il est beaucoup plus digeste de lire une quinzaine de pages par jour.
Tu peux aussi aller regarder le superbe film de Claude Chabrol avec Isabelle Huppert pour t'imprégner de l'atmosphère du livre. Ceci ne te dispense pas de lire le roman, mais cela t'aidera à lire plus rapidement puisque tu reconnaîtras déjà certains éléments.
Après tes 15 pages, fais une petite synthèse des éléments suivants : faits narratifs majeurs, figures de style, caractéristiques dominantes, citations primordiales…
Cette façon de procéder, par petites étapes, te rapproche de l'objectif final en capitalisant sur tes efforts et en évitant un énorme découragement à quelques mètres de l'échéance.

Se Motiver

3 raisons qui bloquent la MOTIVATION :

1. Manque ou perte de CONFIANCE EN SOI
2. Absence d'objectifs & de MÉTHODE
3. Absence de PLAISIR, JOIE & ENTHOUSIASME

BOOSTER SA MOTIVATION

DÉFINIR SON objectif

développer AUTONOMIE d'apprentissage

PRENDRE CONSCIENCE de ses TALENTS & de ses FORCES

faire des petits pas

POURSUIVRE SES RÊVES & les attraper

@ isapailleau _ 2015

Toi parent

Dans notre cabinet, tu te plains souvent du manque de motivation de ton jeune. Par maladresse, et surtout par méconnaissance, tu traduis ce manque de motivation par un « mon fils est feignant », « il a un poil dans la main », « ma fille ne s'intéresse à rien ».

Nous te répondons inlassablement que nous ne connaissons pas d'enfant feignant. Mais que nous savons combien tu es soucieux, ce qui est bien normal. Nous connaissons seulement des jeunes qui manquent de motivation et qui ont perdu leur curiosité naturelle quand il s'agit de l'apprentissage scolaire.

En effet, les mêmes « feignants » sont tout à fait capables de passer des heures à démonter et remonter leur vélo, lire l'œuvre intégrale de Bernard Werber ou tester les multiples combinaisons du Rubik's Cube®.

Alors, parent, si tu veux aider ton jeune peu motivé, sache que la motivation ne se construit pas sur des échecs mais sur des réussites, même toutes petites. Toi aussi, adopte la méthode du kaizen et valorise les petits efforts de ton jeune aussi souvent que possible.

Et surtout, n'oublie pas que c'est la pédagogie par l'exemple qui fait la différence et non pas la pédagogie par le blabla moralisateur. Si tu te plains chaque soir de ton travail, de tes clients pénibles, de tes dossiers plombants en oubliant de dire tout ce qui te plaît dans ton métier, tu risques de démotiver ton jeune pour lui donner envie de grandir et d'entrer un jour dans la vie active.

CHAPITRE 8

Prendre soin de soi

Sommeil

T'es-tu déjà dit ?

- Non mais c'est bon, j'ai pas besoin d'beaucoup d'sommeil.
- Déjà qu'on nous oblige toute la journée à travailler, faut bien du temps le soir pour rattraper le temps perdu !
- J'voudrais bien dormir mais j'y arrive pas.
- C'est pas grave, je vais me rattraper ce week-end.

Ce que tu dois savoir d'important

Pendant les phases de sommeil, le cerveau active les connexions neuronales et favorise la mémorisation. Les besoins quantitatifs de sommeil varient d'un jeune à l'autre, et sont fonction de l'âge. Il y a des gros dormeurs et des petits dormeurs. Néanmoins, même si tu n'es pas une marmotte, garde à l'idée qu'un minimum de sept ou huit heures est nécessaire pour récupérer et permettre à ton cerveau de se développer harmonieusement.

Les conséquences de la fatigue ne sont pas négligeables et sont toujours dommageables pour l'apprentissage. Quand tu es en manque de sommeil, et même si tu n'as pas l'impression d'être fatigué, tu as beaucoup de difficultés à mobiliser ton attention et ta concentration, à mémoriser, à soutenir un effort dans la durée. Sans parler du fait que tu auras certainement beaucoup de mal à apprivoiser tes émotions. Irritabilité, colère et larmes sont alors au rendez-vous et bloquent les apprentissages. Hyper dur de suivre le cours. C'est un peu comme un conducteur qui roulerait pendant des heures d'affilée sans pause. Au bout d'un moment, on pense avoir encore des réflexes mais c'est un leurre. Le risque de s'endormir sans s'en rendre compte est élevé.

Chez les jeunes et les moins jeunes, la dette de sommeil s'est accentuée dans les dernières années avec les nouvelles technologies. Sans violer notre secret professionnel, nous pouvons dire que la majorité de nos patients au-dessus de 13 ans utilisent leur téléphone portable jusqu'à une heure très tardive, bien planqués sous leur couette. Discussions avec les amis par SMS, Snapchat, jeux en ligne et autres joies sur les réseaux sociaux. La plupart nous avouent garder leur téléphone allumé toute la nuit sous leur oreiller. Il n'est pas rare qu'ils puissent être réveillés plusieurs fois par nuit par l'irruption d'un message ! Eh oui ! Vive les nouvelles technologies. Nous sommes nous-mêmes grandes consommatrices.

Parlons aussi de ceux, parfois les mêmes, qui disposent d'une télé, d'un ordi ou d'une console dans leur chambre. Certains attendent que leurs parents soient endormis pour retrouver leur écran favori et se divertir une bonne partie de la nuit.

Enfin, ça, c'est nos patients ! Ça n'a certainement rien à voir avec ce que toi tu vis. Coucher 20 h 30, écrans éteints, une tisane, un peu de Balzac et dodo. Mais si tu as un ami qui est directement concerné par ce que nous venons de décrire, dis-lui de courir au plus vite chez son libraire acheter ce livre.

Concernant les différents points précités, notre position est catégorique : si tu veux préserver ton sommeil, il faut que tu débranches des écrans et du téléphone au moins trente minutes avant d'aller dormir.

Alors comment faire ?

Si tu te sens un peu concerné, tu vas pouvoir lire ce qui suit, sinon passe à la suite qui parle de drogue et d'alcool.

Nous rencontrons beaucoup de jeunes qui restent éveillés hyper tard le soir pour faire tous les trucs fun qu'ils n'ont pas pu faire pendant la journée. Comme si la vraie vie commençait à partir de 23 heures, heure à laquelle en général tu entends le ronflement de ton daron ou de ta daronne. Tu fais peut-être fausse route… La vie commence avant quand on s'organise autrement. Si tu penses à tout le temps que tu passes en mode no brain devant tes cours de… Zzzzzz ou tes exos de… Zzzzzz

Si tu penses à tout le temps que tu passes à regarder des vidéos sur YouTube et autres réseaux sociaux, juste pour faire une pause dans le travail que tu n'arrives pas à faire, eh bien, ça en fait un paquet de minutes de vraie vie dont tu n'as pas conscience car elles se dissolvent dans un « temps » obligatoire, laborieux et besogneux, en un mot chiant. Ce qui te donne l'illusion, le soir venu, de n'avoir pas profité et l'illusion d'avoir travaillé... « Mais j'ai fait que bosser toute la soirée ! »

Première chose : séquence ton travail !

La croyance qui veut que certains soient capables de faire plusieurs choses en même temps, tout en restant efficaces, est (malheureusement ?) fausse. Si ça t'intéresse, va lire l'étude du professeur Earl Miller du MIT[1] (et ça c'est la classe !) intitulé « Multitasking », réalisée en 2009.

Séquencer son travail signifie que tu vas devoir découper ton activité en petits morceaux de vingt minutes, ou quinze minutes si tu as plus de mal à rester concentré.

Pendant la séquence, éloigne-toi de toute source de distraction (exemple ta mère qui te raconte son dernier brushing...), mets ton téléphone en mode avion, etc. Il n'y a que la réalisation de cette tâche qui compte pour toi à ce moment-là, un peu comme quand tu regardes l'épisode 15 de ta série préférée.

Une fois la séquence terminée, félicite-toi pour la tâche accomplie et récompense-toi en te défoulant pendant cinq minutes sur ton réseau social favori. Puis reprends une autre séquence.

Tu peux aussi faire des séquences d'une heure si tu trouves que vingt minutes, c'est trop court ! Le principe, c'est que c'est toi qui décides de créer cette bulle d'hyper-concentration, peu importe la durée (au-dessus de quinze minutes).

1. Massachussetts Institute of Technology.

Deuxième chose : apprends à te détendre !

La nuit, tous les chats sont gris avec une gueule de zombie. Ce qui signifie que c'est souvent le soir, au moment de s'endormir, que les angoisses, les doutes, les frustrations remontent à la surface et squattent ta tête et même ton corps parfois. Dur, dur de trouver le sommeil dans ces conditions.

Quand tu sens que la fatigue est là mais que le sommeil ne vient pas, voici un exercice de relaxation qui va te permettre de débrancher la moulinette mentale ou d'arrêter le hamster qui tourne en boucle dans ta tête (tu choisis l'image qui te convient le mieux).

Vive la relaxation !

Petit exercice de relaxation pour ceux qui aiment buller sur une plage

- Confortablement allongé sur ton lit, concentre-toi sur ton nombril (ça, c'est ce que les adultes te reprochent généralement de trop bien savoir faire mais qui va te servir cette fois-ci)...
- Observe pendant quelques instants les mouvements de ton ventre qui respire...
- Prends conscience des points de contact de ton corps sur le lit, tes épaules, l'arrière de la tête, tes cuisses, tes talons...
- À ce stade, tu peux fermer les yeux, tu verras c'est chouette, on y voit plus clair...
- Et inspire et expire tranquillement par le nez, sans forcer, et à chaque fois que tu expires, tu sens les muscles de ton corps se relâcher de plus en plus...
- Tu peux imaginer que tu es allongé sur le sable d'une plage et que tu entends ou que tu vois les vagues aller et venir sur la plage dans un rythme calme, régulier et ininterrompu comme ta respiration...

- Tu peux imaginer la douce chaleur d'un soleil de fin d'après-midi qui réchauffe ta peau et sentir ton corps s'enfoncer légèrement dans le sable...
- Si des pensées parasites surgissent, pas d'inquiétude, laisse-les traverser ton esprit comme des petits nuages qui traverseraient le ciel et reviens sur ta respiration, tes sensations de douceur et admire le paysage...
- Bonne nuit... À demain.

Petit exercice de relaxation pour ceux ceux qui aiment les petits animaux à poil et à plumes

- Confortablement allongé sur ton lit, concentre-toi aussi sur ton nombril (ça, c'est ce que les adultes te reprochent généralement de trop bien savoir faire mais qui va te servir cette fois-ci encore)...
- Observe pendant quelques instants les mouvements de ton ventre qui respire...
- Prends conscience des points de contact de ton corps sur le lit, tes épaules, l'arrière de la tête, tes cuisses, tes talons...
- À ce stade, tu peux fermer les yeux, tu verras c'est chouette, on y voit plus clair...
- Et inspire et expire tranquillement par le nez, sans forcer, et à chaque fois que tu expires, tu sens les muscles de ton corps se relâcher de plus en plus...
- Tu as certainement remarqué que c'était la même chose que l'exercice précédent. Et tu as raison, la relaxation ça démarre toujours pareil. C'est la suite qui diffère.
- Tu as peut-être remarqué la présence d'un mignon petit hamster qui tourne comme un fou dans la petite roue de sa cage. Il est bien nerveux !
- Ce petit hamster adore la junk food (un peu comme toi). Il se nourrit de toutes tes pensées négatives, tes angoisses, tes inquiétudes, tes questionnements sans

réponse, tes frustrations. C'est un goulu... Et plus il les mange, plus il tourne comme un dingue dans sa roue...

- Comment l'arrêter ? Tu vas devoir arrêter de lui donner à manger des cochonneries et le rassurer.
- Imagine que tu lui gratouilles le dessus du crâne et regarde-le fermer les yeux avec délice. Il ronronne (enfin non mais on ne connaît pas l'équivalent de ronronner pour les hamsters) et se détend.
- Et nourris-le de messages rassurants. Au fur et à mesure, tu vas voir qu'il va ralentir jusqu'à descendre de sa roue et s'installer confortablement dans son lit en paille pour roupiller. Tu peux faire de même, va dormir maintenant.
- Ça marche aussi avec un petit poussin, un perroquet ou tout autre animal à plumes, si tu es allergique aux poils.

Toi parent

Ton jeune n'a plus 8 ans. Son sommeil a changé. Son horloge s'est décalée. Inutile donc de le forcer à se coucher à 21 heures, sauf s'il commence à ressembler à l'oncle Norbert en fin de soirée, l'œil hagard, titubant légèrement.

Mais quitte à ce qu'il menace de fuguer... au bout de la rue, retire-lui les écrans de sa chambre le soir.

Toxic

T'es-tu déjà dit ?

- De toute façon, c'est prouvé que le cannabis c'est thérapeutique. D'ailleurs il y a des pays où c'est légal et les jeunes ne sont pas nuls dans leurs études.

- Un p'tit bedo de temps en temps ça fait pas d'mal.
- J'me suis mis une race mais c'est pas grave, je récupérerai demain.
- De toute façon, tout le monde boit, c'est normal on est jeune, faut bien qu'on s'amuse, et en plus j'conduis pas !

Ce que tu dois savoir d'important

Tu pourrais te dire : « Encore deux vieilles... (biiiip) qui vont me faire la morale que j'ai entendue cent fois » et tu aurais certainement raison de le penser. Mais détrompe-toi jeune ! Nous ne sommes pas dans le registre du bien ou du mal et ne donnons pas de leçon de morale. En fait, nous on s'en fiche un peu, voire complètement, que tu te balances des produits toxiques dans la tronche. Toutefois, c'est notre responsabilité dans un ouvrage qui parle de « comment travailler mieux » d'aborder cette question épineuse.

Comme nous le disons à tous nos patients, tu pourras si tu le souhaites utiliser des produits toxiques, et notamment le cannabis, quand ton cerveau sera arrivé à maturité neurophysiologique entre 23 et 25 ans. Donc garde tes sous, remplis ta tirelire, tu auras comme ça encore plus d'argent pour faire la « fête » si tu vois ce qu'on veut dire ;–)

Ce que tu dois savoir d'important sur les produits toxiques comme le cannabis, c'est qu'ils altèrent durablement tes capacités de travail.

Qu'il s'agisse de cannabis ou d'alcool, leur consommation, même épisodique, pose des problèmes à plusieurs niveaux.

Le cannabis, comme l'alcool, déprime. L'effet euphorisant ou apaisant du moment est un leurre. Il est très temporaire. Les effets à moyen terme sont la déprime, la perte de motivation, l'irritabilité, les troubles de la concentration, de la mémoire, de la libido et de l'érection.

Par ailleurs, en ce qui concerne le cannabis, si tu tombes sur une certaine variété comme la shunk[1], tu encours un grand risque, en une seule prise, de faire un épisode psychotique grave. Ça ressemble à quoi ? Tu risques de devenir schizophrène et c'est irréversible. Mieux vaut aimer les oiseaux car tu vas leur parler souvent !

Il y a un bénéfice à la fumette sinon personne ne le ferait. Fumer du THC provoque une libération d'hormones euphorisantes : la dopamine.

Petite réflexion : à qui profite la consommation de cannabis ? Sachant que près d'un jeune sur deux consomme ou a déjà consommé du cannabis, et connaissant les conséquences désastreuses sur la pensée, on peut se demander si cela n'est pas « arrangeant » que la nouvelle génération, c'est-à-dire toi, ne réfléchisse pas trop afin de ne pas remettre en question le système… Ou pas ?

« Réfléchir, c'est déjà désobéir », comme dit le PDG d'une grande banque française. C'est vrai que c'est plus facile de diriger des moutons que des jeunes qui pensent par eux-mêmes et pourraient changer le système, même pour l'améliorer… On te laisse méditer.

---

1. Anne-Julie Contenet cite, dans son article « La Skunk une variété de cannabis très violente », l'étude de *The Lancet* publiée en février 2015 : « Proportion of patients in South London with first episode psychosis attributable to use of high potency cannabis ».

Alors comment faire ?

Bien sûr, on sait que « c'est cool », ça sociabilise, ça diminue les sensations d'inconfort (au début), ça endort les souffrances, ça anesthésie les émotions… Nous te proposons donc de réaliser un tableau à deux colonnes avec les bénéfices à court terme et les bénéfices à long terme d'une consommation de produits toxiques au choix. Puis un autre tableau avec les inconvénients à court terme et les inconvénients à long terme. Il ne s'agit pas d'un exercice de jugement moral, du type « c'est bien/c'est pas bien ». Ça, on s'en fiche totalement. En fait, cet exercice te permet de réfléchir, en toute objectivité, et en toute honnêteté vis-à-vis de toi-même, à ce que tu souhaites de mieux pour toi.

Si tu consommes déjà occasionnellement, tu peux mettre en place un challenge d'une semaine sobre et compare ton état psychologique et physique. Vois ce que cela change dans ta vie de tous les jours et au travail (motivation, mémorisation, libido…). Si tu consommes déjà un peu plus qu'occasionnellement, tu te sentiras certainement très mal cette semaine-là, en état de manque, signe qu'il est encore temps d'aller consulter et de te faire aider. Contrairement à ce que tu pouvais penser, « c'est rien et je peux arrêter quand je veux ! » est une illusion.

La bonne nouvelle est que tu peux remplacer les produits toxiques par un produit naturel au pouvoir euphorisant et boostant car il permet la libération d'ocytocine et d'endorphine : ce que nous appellerons « plus d'amour, moins de fumette ». Mais nous savons qu'il n'est pas toujours facile d'avoir un(e) ami(e) sous la main, mais l'amour en solo a les mêmes vertus. Bon, cela relève du domaine de l'intime et ne nous regarde pas. Fais comme tu veux, « ça n'est pas sale » comme disaient deux célèbres animateurs de Fun Radio dans les années 90.

Sais-tu que l'ocytocine porte aussi le nom d'« hormone de l'amour », car elle favorise la fidélité et d'autres comportements relationnels ou sociaux. On lui donne parfois le nom d'« hormone de l'attachement » ou d'« hormone sociale ». Chez des personnes amoureuses, on relève une quantité importante de cette hormone. Lorsqu'elle est libérée, elle nous permet de nous calmer et de nous relaxer.

Et parce que la testostérone diminue la concentration d'ocytocine dans le cerveau, certains scientifiques pensent que c'est une raison pour laquelle les adolescents, qui ont une concentration élevée de testostérone, sont souvent peu sociaux et de mauvaise humeur à cet âge.

Astuce
Pratique de l'hypnose

Ce serait super cool d'avoir des techniques qui permettent de retrouver les effets positifs sans avoir les effets négatifs. Tu en as rêvé ? L'hypnose l'a fait.

Recadrage : apprendre une technique qui permet de trouver une autre stratégie que les substances psychotropes pour voir la vie en plus rose et atténuer les angoisses, arrêter de se jeter sur la nourriture, etc.

Ancrage : apprendre une technique d'hypnose qui permet d'avoir les effets positifs de la drogue et de l'alcool sans les effets secondaires. Trop dare !

Toi parent

Sache que l'addiction aux substances toxiques n'est pas une question de manque de volonté. Ton jeune pense qu'il peut contrôler, mais les effets des substances toxiques sont plus forts que lui. C'est comme Sega.

Attention, lui faire la morale ne sert à rien. L'important est de toujours garder une communication de qualité avec ton jeune pour que tu puisses encore avoir une parole influente et de confiance.

Sache que certaines études ont montré un lien entre les troubles de l'attention non pris en charge et la consommation de cannabis.

S'il est trop tard… il n'est jamais trop tard. Ouvre l'œil et le bon. Même si ton jeune te dit qu'il te déteste, s'il devient agressif, s'isole et a les yeux trop rouges (sans avoir une conjonctivite), traîne-le dare-dare chez un spécialiste addictologue ou un centre d'addictologie.

Ceux qui s'en sortent le mieux vis-à-vis des conduites addictives sont ceux qui naturellement n'aiment pas perdre le contrôle d'eux-mêmes.

Junk food

T'es-tu déjà dit ?

- Le sucre, ç'est peut-être pas bon pour la santé, mais moi j'ai remarqué que ça donne la pêche !
- Cinq fruits et légumes par jour, c'est pour ceux qui veulent maigrir… Moi, j'ai pas de problème.

- J'ai pas le temps, faut que je révise, je mangerai plus tard ! Et puis j'ai la flemme de me faire à manger.

Ce que tu dois savoir d'important

Le cerveau est également un gros consommateur de sucres rapides, mais il sera conseillé de consommer du miel plutôt que tout autre sucre raffiné ou sucrerie qui a un effet néfaste sur la concentration notamment. L'ingestion de sucreries avant de travailler entraîne une surproduction d'insuline qui elle-même provoque une hypoglycémie au bout d'un quart d'heure.

Comme tout ton cerveau est mobilisé pour aider ton système digestif à réguler ton taux de sucre dans le sang, il ne peut pas, en même temps, t'aider à penser, réfléchir, organiser les idées. En gros, quand tu manges des trucs sucrés, ton cerveau devient ramollo. En conclusion, saute sur les Dragibus après avoir fourni un effort intellectuel.

Idem pour les boissons énergisantes à base de semence de taureau, qui font beaucoup de bien à ceux qui les commercialisent et beaucoup de mal à ton organisme. Si tu ne l'as pas encore vu, nous te conseillons l'excellent film *Radiostars* dans lequel le petit stagiaire se gave de boisson du taureau et fait un arrêt cardiaque à 20 ans à peine (heureusement il s'en sort parce qu'il a eu de la chance). Dépêche-toi de le téléch… euh de l'acheter en VOD.

Alors comment faire ?

Nous te conseillons de voir cet excellent documentaire de Morgan Spurlock intitulé *Super Size me*. Nous ne te dévoilons pas les joies d'une alimentation exclusive au fast-food, nous préférons que tu les découvres par toi-même. Tu auras peut-être ensuite un peu de mal à te jeter sur un big Meuh (on n'a pas le droit de citer la marque).

Plus de sport

Oui ! Car le sport est un médicament naturellement antistress que tu peux utiliser sans modération. Et si tu n'aimes pas le sport, la marche fait aussi bien l'affaire. Est-ce que courir après les filles (ou les garçons), c'est du sport ? Oui, si tu cours pendant plus d'une demi-heure.

Pourquoi ? Parce que le cerveau libère des endorphines, ou endomorphines, produites par l'hypothalamus et l'hypophyse dans les situations de stress (psychologique et/ou physique). Comme la pratique du sport (ou de la marche au bout d'une demi-heure) stresse un peu ou beaucoup ton organisme suivant l'intensité de la pratique, ton corps va se mettre à produire ses fameuses hormones.

Cette morphine naturelle, produite par l'organisme, se disperse dans le système nerveux central, les tissus de l'organisme et le sang. Elle produit des effets bénéfiques contre angoisse, anxiété et dépression.

L'endorphine est aussi appelée l'« hormone du bonheur ».

Les sports d'endurance qui boostent le plus la production d'endorphines sont le jogging, le vélo, la natation, les balades en raquettes ou en ski de fond, les sports en salle type cardio-training (rameur, tapis roulant), l'aérobic, le step, l'athlétisme, le football, le rugby, le basket ou le handball.

Les effets de la sécrétion d'endorphines sont donc ultra bénéfiques : euphorisants, anxiolytiques, antalgiques et antifatigue. Ce sont les laboratoires pharmaceutiques qui ne vont pas être contents.

Attention, il existe une dépendance au sport. Mais il vaut mieux être sporto-dépendant que cannabiso-dépendant, alcoolo-dépendant, bouffo-dépendant...

Plus de chocolat noir...

Si l'on met du diesel dans une voiture qui marche au sans plomb, le moteur s'arrêtera immédiatement de fonctionner. C'est pareil pour notre moteur. Si le carburant (les aliments) que nous lui donnons n'est pas adapté, il fonctionne moins bien, voire pas du tout.

Certains aliments sont reconnus pour leurs vertus : amélioration de la mémoire, de la concentration, booster d'énergie... Pour te faciliter la tâche, nous les avons classés par couleur (voir page suivante).

On n'est pas en train de te dire qu'il faut devenir un yogi végétarien qui ne mange rien, mais réserve ton kiff kebab, Subway®, McDo® ou trip Haribo pour un moment où tu n'auras pas à réfléchir ensuite ou à travailler de longues heures.

Et nous te rappelons qu'il n'existe qu'une seule boisson énergisante, qui te fait du bien au corps et au cerveau, et qui ne te coûtera pas un œil : l'eau !

RECETTE POUR UN CERVEAU QUI FONCTIONNE BIEN

DU VERT

Brocolis, chou, épinards

DU JAUNE

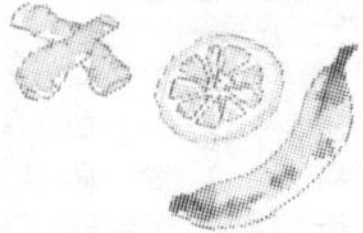

Curcuma, citron, banane

DE L'ORANGE

Clémentine, carotte, melon, abricot

DU ROUGE

Tomate, poivron, baies de Goji

DU ROSE

Pastèque, framboise

DU VIOLET

Mûre, myrtille

DU MARRON

Chocolat à 60 % de cacao

DU BLANC

Œufs, gingembre, noisette, noix de cajou, noix, poisson...

Toi parent

Si tu veux que ton jeune se nourrisse correctement, il va falloir que tu fasses la même chose. Si tu te nourris déjà correctement, va faire un tour dans les placards de la cuisine pour vérifier que tu n'achètes pas, pour lui faire plaisir, trop de gâteaux à l'huile de palme.

Une bonne hygiène, c'est hype !

S'hygiéner (BIEN) la VIE

c'est ...

SEQUENCER LE TRAVAIL

1 2 3 4 5 6 7 8 9

diminue le **stress**

RELAX

se détendre

Zen

CHOISIR LA BONNE

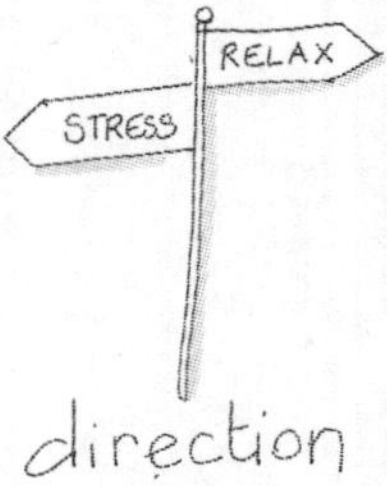

direction

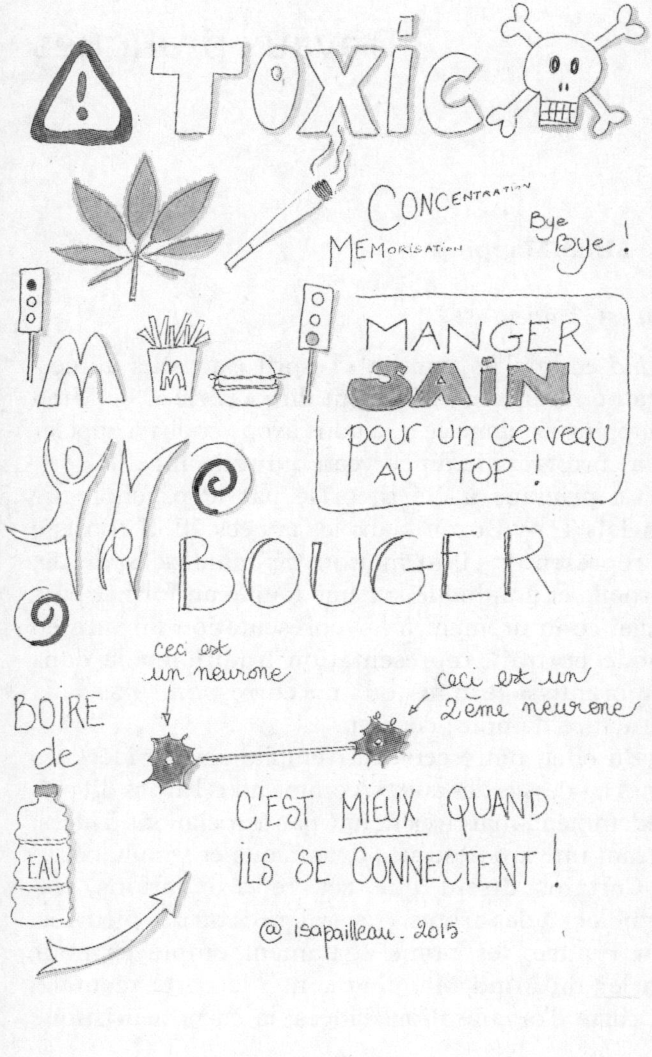
TOXIC
CONCENTRATION
MEMORISATION
Bye Bye !
M
MANGER SAIN pour un cerveau AU TOP !
BOUGER
ceci est un neurone
ceci est un 2ème neurone
BOIRE de
EAU
C'EST MIEUX QUAND ILS SE CONNECTENT !
@ isapailleau . 2015

CHAPITRE 9

Travaux pratiques

Le Mind Mapping

Qu'est-ce que c'est ?

Mind en anglais signifie « l'esprit » au sens du cerveau qui réfléchit. *Map* veut dire « carte ». Le Mind Mapping est donc ce que nous avons choisi d'appeler « la cartographie du cerveau qui réfléchit ».

Ce principe a été théorisé par le psychologue anglais Tony Buzan, dans les années 70. Il consiste à représenter l'information de manière spatiale, visuelle et graphique sur une feuille au format paysage, contrairement à la représentation linéaire en mode portrait, représentation traditionnelle dans l'apprentissage mais qui ne correspond pas à la structure de notre cerveau.

En effet, notre cerveau n'empile pas les idées les unes au-dessus des autres, comme nous l'avons dit précédemment, mais fonctionne par associations d'idées, créant une arborescence dynamique et simultanée.

Certains disent que ces représentations ressemblent à des arbres, des araignées ou des pieuvres. En France, les noms également employés pour parler du Mind Mapping sont : la carte mentale, la carte d'organisation d'idées, la carte heuristique ou les schémas centrés. Notre préférence va au nom d'origine et à la traduction que nous lui en donnons : « la carte de mon cerveau qui réfléchit ».

Ça n'est pas le « produit » fini qui nous intéresse, une belle carte parfaite qui résumerait l'ensemble des informations, mais la manière dont la carte a été réalisée. Eh oui ! C'est en la faisant que nous nous souvenons le mieux des chemins que nous avons pris, des erreurs que nous avons faites, des bonnes idées qui ont jailli.

Nous choisirons de nommer « Mind Map », « carte » ou encore « map », les cartes dans les explications qui suivent.

Les bénéfices du Mind Mapping

Si la Pédagogie Positive consiste à rendre ludique et écologique (comprendre « saine ») notre manière d'apprendre, alors, le Mind Mapping est un des outils que nous aimons particulièrement car il peut être qualifié d'outil « cerveau total ». Qu'entendons-nous par « cerveau total » ?

Notre cerveau est composé de deux hémisphères qui travaillent de concert, mais qui ont chacun leurs spécificités. Pour simplifier, et même si l'on sait que les deux hémisphères travaillent main dans la main (façon de parler), l'hémisphère gauche traite les mots, la logique, le détail et l'analyse, tandis que l'hémisphère droit prend en charge les formes, les couleurs, l'espace et la synthèse. Le Mind Mapping utilise harmonieusement l'ensemble des fonctions de nos deux hémisphères. Il utilise l'espace d'une feuille, des formes, des couleurs, des mots, de la structure, une vision d'ensemble et des petits détails, des images et du mouvement.

C'est un outil qui non seulement respecte le fonctionnement naturel de notre cerveau, mais favorise également la mise en liens de nos idées, d'où une meilleure compréhension.

Si nous organisons les informations dans l'espace d'une feuille, nous créons comme des réseaux, des ramifications qui reproduisent la manière dont le cerveau se connecte en permanence.

Comme l'explique Virginie Caplet dans son super livre *Petit précis de créativité*[1] : « Il ne suffit pas de faire appel à son cerveau droit et d'imaginer une solution, il faut faire appel à son cerveau gauche, la partie du cerveau qui prend en charge la réalisation. »

Dans l'apprentissage, le travail conjoint des deux hémisphères permet de mobiliser à la fois la compréhension et la réalisation. C'est pourquoi le Mind Mapping présente de très nombreux bénéfices sur les cinq gestes d'apprentissage et améliore de fait considérablement les qualités d'attention, de réflexion, de compréhension, de mémorisation et d'imagination.

Dans son excellent blog[2], Philippe Boukobza, consultant-formateur et spécialiste du Mind Mapping, nous rappelle dans l'article reprenant l'étude de l'Université de Cordoue, que les cartes mentales améliorent les capacités cognitives (compréhension, organisation de l'information, capacité de réflexion) et les compétences sociales (estime de soi, socialisation des connaissances).

En effet, cette étude montre que l'utilisation de l'image, la structuration des idées, les idées clés, etc.

1. Virginie Caplet, *Petit précis de créativité*, Éditions En voiture Simone, 2012.

2. heuristiquement.com

permettent une utilisation des ressources cognitives plus écologique et moins fatigante, ainsi qu'une mémorisation plus importante.

Par ailleurs, la carte est la représentation visuelle de réponses à des questions ouvertes, notre fameux CQQCOQP que tu as vu au Chapitre 4 (p. 54). Il est alors impossible de réaliser une carte sans en comprendre le contenu. Si je sais répondre aux questions, j'en ai compris le sens.

Voici, page suivante, la carte mode d'emploi pour réaliser une Mind Map. Tu peux, d'un seul coup d'oeil, te familiariser avec cette approche innovante et aidante pour les apprentissages. Au début, cela peut te paraître déconcertant mais, à force d'utilisation, tu comprendras l'avantage que cet outil représente.

Et voici la traduction en version linéaire :

- **Étape 1 :** Prends une feuille, vierge sans ligne, au format paysage qui permet une meilleure vision périphérique et un traitement optimal du balayage binoculaire.
- **Étape 2 :** Place le sujet principal au centre de la feuille, également appelé le cœur de la carte. Veillez à ce que ce sujet soit le plus précis possible. Par exemple, si tu travailles sur une leçon d'histoire, il sera préférable, pour que les idées jaillissent, d'écrire le titre exact « La paysannerie au Moyen Âge », plutôt que « Histoire ». Le sujet principal sera écrit dans une forme vaporeuse, comme un petit nuage, ou sera complété par une illustration.
- **Étape 3 :** Trace les branches autour du cœur pour créer l'arborescence d'idées. On dit que

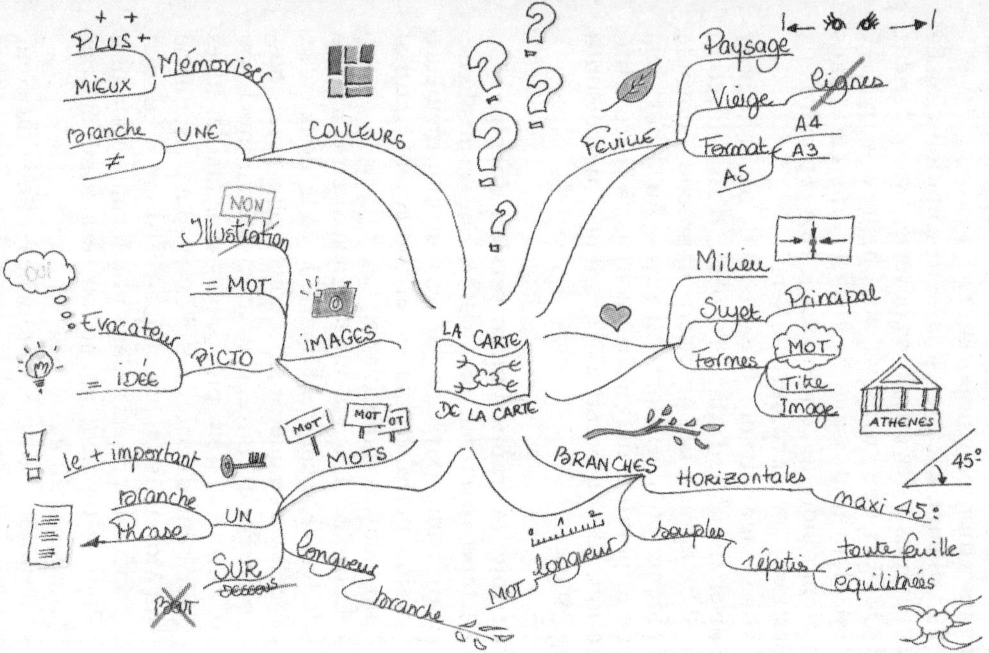
LA CARTE DE LA CARTE
COULEURS
UNE
Mémoriser
PLUS
MIEUX
branche
≠
FEUILLE
Paysage
Vierge
lignes
Format
A4
A3
A5
IMAGES
NON
Illustration
OUI
= MOT
PICTO
Evocateur
= IDÉE
Milieu
Sujet
Principal
Formes
MOT
Titre
Image
ATHENES
MOTS
MOT
UN
le + important
branche
Phrase
SUR
dessous
BRANCHES
Horizontales
maxi 45°
45°
souples
répartis
toute feuille
équilibrées
MOT
longueur
branche

les premières branches, dites principales, qui partent du cœur sont celles qui portent les thèmes, les petites branches suivantes, dites secondaires, portent les idées qui se rapportent au thème. À chaque nouvelle idée, une nouvelle branche qui sera de la longueur du mot qu'elle supporte. Les branches seront le plus horizontales possible pour permettre une bonne lisibilité. L'information doit être traitée rapidement sans avoir besoin ni de tourner la tête, ni de tourner la feuille pour lire les informations.

- **Étape 4 :** Écris les mots sur les branches, pas au bout et pas dessous non plus. Notre regard est guidé par les lignes et cueille les informations. La branche et le mot constituent une unité d'information indissociable. Le mot doit être le plus lisible possible, gare aux pattes de moucherons que les arbres n'apprécient pas. Dans une map, le mot est une idée clé qui ouvre la porte au reste de l'information qui roupille tranquillement dans notre tête et qui attend qu'on la sollicite. Aussi, inutile d'écrire de longues phrases qui nous replaceraient dans un traitement linéaire de l'information. Le mot-clé suffit.
- **Étape 5 :** Ajoute des images. Nul besoin d'être un Van Gogh pour réaliser des petits pictogrammes simples et qui évoquent facilement l'idée pour celui qui réalise sa carte. Il ne s'agit pas d'une illustration pour faire joli. Un pictogramme est aussi important qu'un mot, c'est une information en soi, d'où la célèbre phrase de Confucius : « Une image vaut mille mots ». L'image fait appel à nos émotions et à nos

sens, et de ce fait est un formidable vecteur de mémorisation.

- **Étape 6 :** Ajoute de la couleur sur les branches. La couleur n'a pas qu'une valeur décorative, elle a une valeur esthétique au sens étymologique du terme, ce qui signifie qu'elle procure des sensations. Ce qui nous ramène à nouveau à la mnémonique (ça fait classe mais cela signifie simplement que ça permet de mieux mémoriser) et à une dimension de plaisir.

Comme tu peux le voir dans la map ci-dessus, six paragraphes tiennent sur une seule image pour dire exactement la même chose.

Les utilisations du Mind Mapping

Les utilisations du mind mapping sont très nombreuses :

- prise de notes,
- organisation d'idées,
- structuration de l'information et de ses idées,
- compréhension d'un cours,
- mémorisation,
- *and so on...*

Au lycée, les enjeux augmentent et les échéances s'accélèrent. La quantité d'informations à ingérer devient pantagruélique et peut conduire à de forts découragements. C'est encore plus vrai après le Bac lorsque, pendant les études supérieures, il est nécessaire d'être très performant pour préparer les partiels

et les examens surtout si l'on a passé les premiers mois à participer à toutes les fêtes d'intégration (en même temps, c'est obligatoire sinon on n'a pas de potes) !
L'utilisation de la carte devient, dès lors, un outil parfait de révision et de planification.
La « carte-programme » reste d'actualité pour avoir une vue d'ensemble de tout ce que l'on doit connaître, et elle est encore plus utile à partir de la classe de première pour la planification des révisions d'examens à venir.

Xmind, notre logiciel préféré de Mind Mapping

Il existe de nombreux logiciels de Mind Mapping. Certains sont gratuits, d'autres payants.

Notre logiciel préféré, gratuit en open source et très facile à prendre en main, s'appelle Xmind. Nous ne touchons aucun royaltie sur la pub faite à Xmind mais nous le trouvons tellement facile à utiliser et complet dans sa version gratuite que ce serait dommage de ne pas partager.

Pour exemple, voici une carte réalisée sous Xmind d'après le numéro Hors-série du *Monde* « Réviser son Bac avec *Le Monde* en SVT ». Nous avons volontairement voulu montrer la vue d'ensemble sans ouvrir toutes les branches (d'où le petit + à côté de certaines branches).

Comme tu peux le voir, tu peux ajouter des images et des liens hypertexte. En cliquant simplement sur la petite mappemonde, tu es immédiatement redirigé vers le site où tu pourras trouver des informations complémentaires. Tu peux faire la même chose en mettant des liens vers d'autres maps ou vers des documents de toutes sortes (pdf, Word, Excel...).

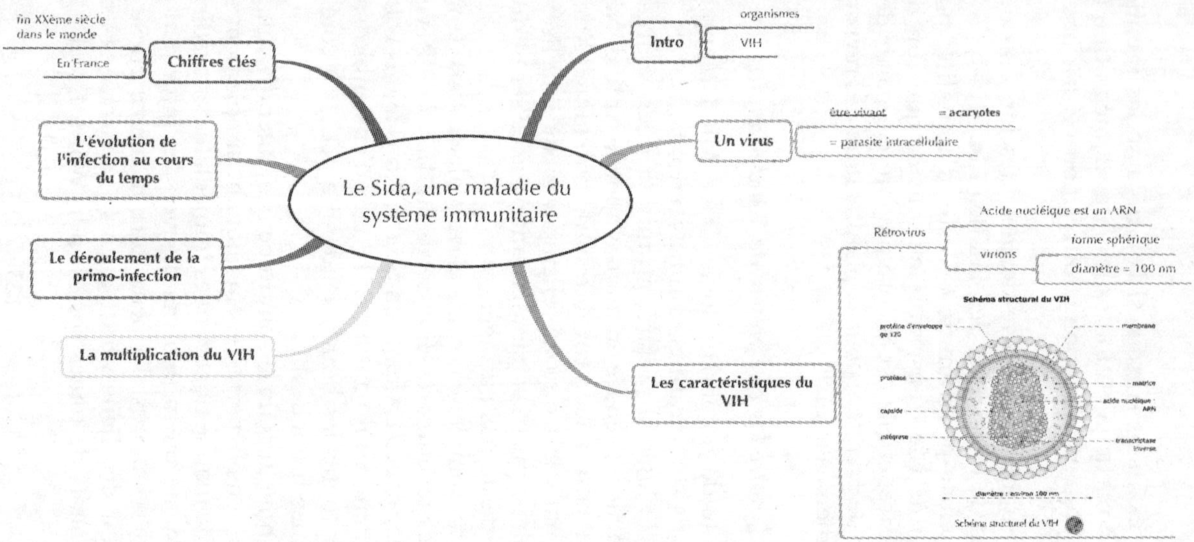
Le Sida, une maladie du système immunitaire
Intro
organismes
VIH
Un virus
être vivant
= acaryotes
= parasite intracellulaire
Les caractéristiques du VIH
Rétrovirus
Acide nucléique est un ARN
virions
forme sphérique
diamètre = 100 nm
Schéma structural du VIH
protéine d'enveloppe gp 120
membrane
protéase
matrice
capside
acide nucléique : ARN
intégrase
transcriptase inverse
diamètre : environ 100 nm
Schéma structurel du VIH
Chiffres clés
fin XXème siècle dans le monde
En France
L'évolution de l'infection au cours du temps
Le déroulement de la primo-infection
La multiplication du VIH

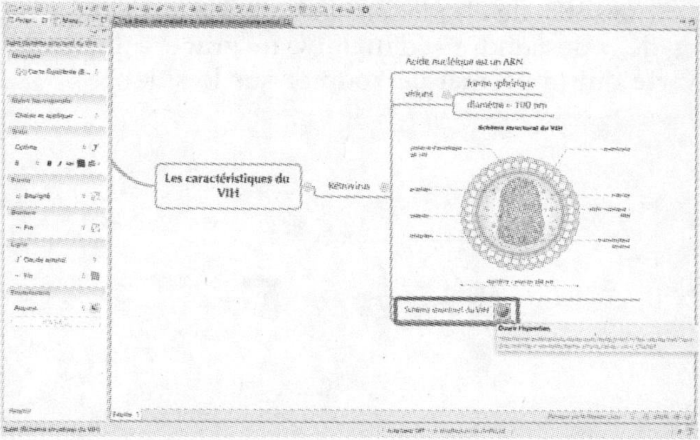

Voici aussi un autre exemple de l'utilisation d'Xmind avec une carte de révision du Bac de français présentant les mouvements littéraires. Cette carte contient une somme importante d'informations. Si la carte est imprimée en totalité, elle n'est pas lisible. Tu peux donc choisir d'imprimer les branches individuellement.

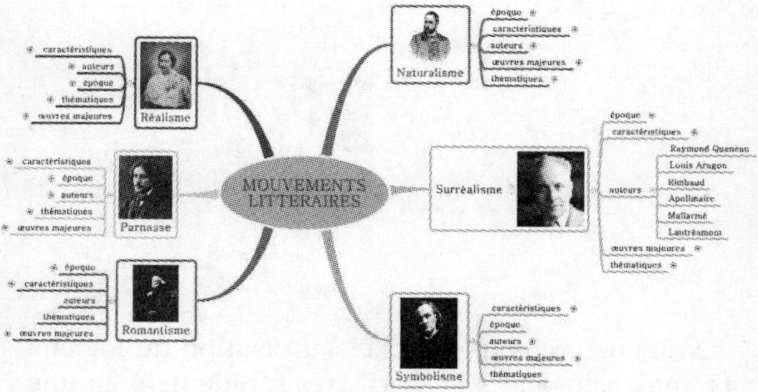

Il te suffit de cliquer sur la branche qui t'intéresse et de « descendre » d'un niveau grâce à la flèche verte qui te permet de zoomer sur le sujet.

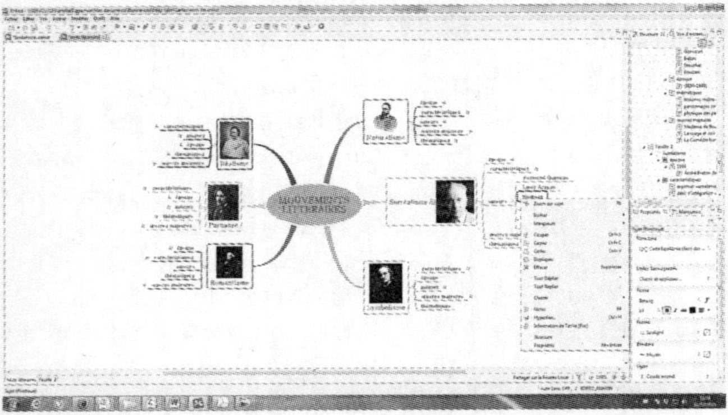

Tu te retrouves ensuite avec ton sujet de branche qui est devenu le centre d'une nouvelle carte que tu peux enregistrer et/ou imprimer. Canon, non ?

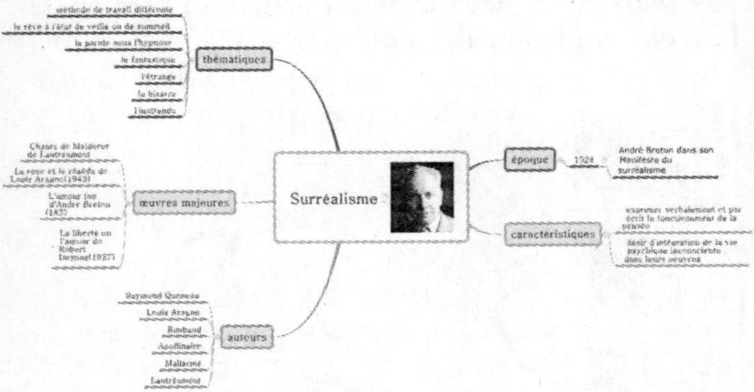

Nous ne pouvons détailler l'utilisation du logiciel ici, mais elle peut s'acquérir très rapidement en une journée avec une simple formation.

La carte peut également être un moyen efficace de « penser » une dissertation. Elle sera utilisée comme brouillon. Voici l'exemple d'une carte (« Conséquences économiques et politiques du régime Stalinien ») réalisée pour construire une dissertation à partir de documents à analyser.

Pour créer les branches principales, tu peux reprendre les directions (mots-clés) contenues dans le sujet. Cela va te permettre, dans un premier temps, d'y accrocher toutes les connaissances que tu as mémorisées à partir de ton cours.

Dans la branche Intro, tu pourras déposer tes connaissances concernant le contexte historique (où ? quand ? qui était Staline ?). Puis dans les autres branches, tu pourras déposer toutes tes connaissances sur les politiques économiques, la mise en œuvre et ce que tu sais des conséquences. Tu feras pareil pour les conséquences politiques. La dernière branche, intitulée ici Conclusion, peut être laissée vide et trouvera son utilité car le cerveau déteste le vide et se souciera de la remplir.

Une fois que tu as réalisé l'exercice de rapatriement de tes connaissances à partir du cours, tu peux ensuite aller « à la pêche » aux idées dans les documents à analyser. Tu peux d'ailleurs utiliser une couleur différente pour accrocher tes nouvelles informations à la branche adéquate. L'ensemble te permet ensuite de pouvoir construire un plan bien structuré et de ne pas t'écarter du sujet.

Le Mind Mapping est également un outil réversible : il permet de partir d'un texte, d'une leçon, d'un document pour construire une carte qui facilite la compréhension et la mémorisation ; il permet également, à partir d'une carte, d'amener à la rédaction linéaire d'un résumé, d'une dissertation, d'un commentaire. Ce livre est d'ailleurs le résultat rédigé d'une préparation détaillée et structurée sous forme de cartes.

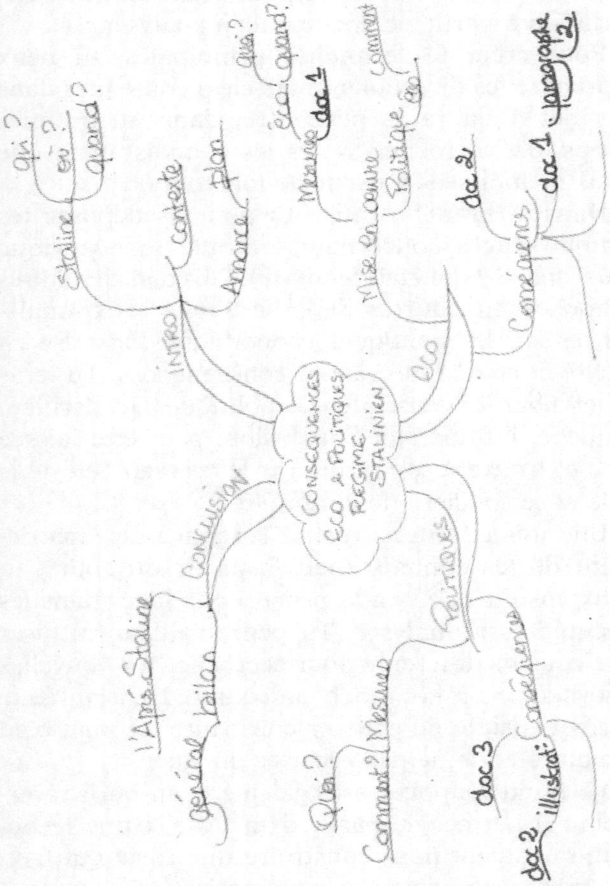

Le Sketchnoting

Le Sketchnoting est une autre manière de prendre des notes et/ou de transformer ses cours. C'est un outil de pensée visuelle qui permet de transformer les informations linéaires en représentation visuelle et graphique de textes en y ajoutant des images. Attention, il ne s'agit pas de savoir dessiner mais simplement de transformer des mots et des idées en images.

Tu as d'ailleurs pu voir que nous avons choisi de réaliser des sketchnotes à la fin des chapitres précédents pour les résumer.

Même si beaucoup pensent qu'il s'agit d'une nouvelle mode venue des États-Unis d'Amérique, il suffit de se replonger dans les carnets de notes du célèbre Léonard de Vinci pour réaliser que cette manière de prendre des notes existait déjà depuis longtemps. Léonard pensait déjà en images, en mots, en schémas. Et nul besoin d'être une grosse tête comme lui pour le faire, c'est simple comme bonjour.

Les bénéfices du Sketchnoting

Comme le Mind Mapping, c'est une technique synthétique qui permet en un seul coup d'œil d'avoir une vue d'ensemble des données. Il n'existe pas de XMind du Sketchnoting. C'est une technique qui renoue avec le plaisir du papier, du crayon, du feutre. Toutefois, certains utilisent leurs tablettes pour réaliser des sketchnotes tout à fait sympathiques.

Cette technique est réalisée sur des feuilles vierges en format A4 en général, ou sur des carnets à pages blanches sans ligne. Les liens entre les idées se font avec des flèches.

Comme nous l'avons vu avec le Mind Mapping précédemment, le secret réside dans le cheminement de la sketchnote qui permet de mémoriser et comprendre au fur et à mesure de sa réalisation.

Lorsque nous utilisons le Sketchnoting, nous devons simplifier au maximum ce que nous comprenons, donc être très au clair avec ce que nous voulons synthétiser. La cerise sur le gâteau est qu'il est très agréable de reparcourir ses sketchnotes pour réviser.

Comment ça marche ?

Mike Rohde, dans *The Sketchnote Handbook,* explique bien que cette technique engage tout le corps dans la réalisation et est une aide importante à la concentration. C'est une pratique tout à la fois relaxante, dynamique et amusante. Elle utilise des pictogrammes, des conteneurs, des titres et typographie, de l'illustration et des diagrammes simples, des séparateurs, des puces, des flèches et des ombrages.

Comme le Mind Mapping, le Sketchnoting nous réconcilie avec l'utilisation de notre cerveau en entier et améliore donc considérablement nos capacités cognitives et sensorielles.

Carol Anne McGuire a d'ailleurs réalisé une sketchnote explicative que nous traduisons ici pour que tu comprennes ce qu'il te faudra faire pour créer une sketchnote.

Bravo, tu vas tout déchirer !
Appelle-nous pour fêter ta réussite
au 06 67 22…

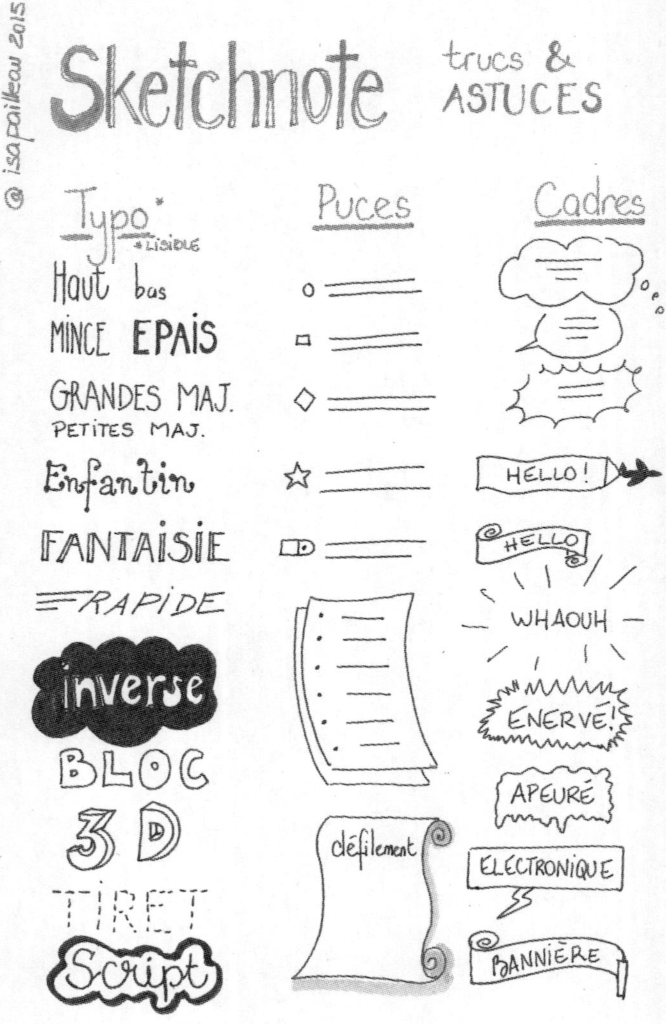

Sketchnote
trucs & ASTUCES
© isapailleau 2015
Typo*
*LISIBLE
Haut bas
MINCE EPAIS
GRANDES MAJ.
PETITES MAJ.
Enfantin
FANTAISIE
RAPIDE
inverse
BLOC
3D
TIRET
Script
Puces
défilement
Cadres
HELLO!
HELLO
WHAOUH
ENERVÉ!
APEURÉ
ELECTRONIQUE
BANNIÈRE

Connecteurs

Ombres

Personnes

LA CONCLUSION

Où l'on te dit « bonne route et kiffe ta vie »

Jeune, nous avons écrit ce court livre pour qu'il soit digeste. Pour que tu puisses d'abord y trouver matière à réflexion sur ta manière de travailler, et que tu puisses surtout mettre en œuvre nos conseils s'ils te conviennent.

Nous t'invitons à le garder dans ta poche pour y puiser quelques trucs et astuces quand tu te sentiras au fond du gouffre, ou avant que tu ne sois au fond du gouffre. Il pourra aussi servir à tes potes en détresse. Tu peux aussi en avoir un exemplaire dans les endroits stratégiques de la maison : un aux toilettes, par exemple, pour que ton parent puisse aussi y lire les messages qui vont lui permettre de se détendre et de te laisser vivre ta vie de jeune « travailleur ».

Notre souhait le plus cher est que tu réussisses à développer tes talents dans tous les domaines. Pas seulement dans tes études, même si nous te souhaitons le meilleur en ce domaine, mais aussi dans tes relations amicales, sentimentales, sportives, citoyennes, de geeks…

Nous souhaitons surtout que tu trouves ta voie (et ta voix à faire entendre haut et fort) car nous avons tous un rôle à jouer chacun à son niveau. Et surtout, on compte bien sur toi pour payer notre retraite.

Ne te laisse pas influencer, surtout par ceux qui t'aiment tellement qu'ils en perdent toute objectivité, submergés par leurs inquiétudes, leurs attentes, leurs projections, et ce qu'ils pensent être bon pour toi. Si tu veux devenir enseignant et pas expert-comptable comme ton oncle, tu as le droit. Si tu veux devenir énarque, tu as le droit aussi, personne n'est parfait. Toi seul sais ce qui te fait vibrer et si tu ne le sais pas encore, tente, essaye, plante-toi et recommence jusqu'à sentir dans ton corps que tu es à ta juste place.

Parent, nous ne t'avons pas toujours ménagé dans ce livre et nous te présentons nos excuses. Euh... non en fait ! Grandis, tente, plante-toi, essaye et recommence mais garde toujours pour toi tes inquiétudes et tes projections, et par-dessus tout garde à jamais ta bienveillance et ton amour inconditionnel pour ton jeune. C'est ça la clé de sa réussite et de la tienne.

Bibliographie

Madame Bovary, Gustave Flaubert… *Joke*

Apprendre autrement avec la Pédagogie Positive, Audrey Akoun et Isabelle Pailleau, Eyrolles, 2013

Je dis enfin stop à la pression, Audrey Akoun et Isabelle Pailleau, Eyrolles, 2020

L'élément : quand trouver sa voie peut tout changer, Ken Robinson, Play Bac, 2013

J'ai un ado… mais je me soigne : quand rien ne va plus des solutions existent, Olivier Revol, JC Lattès, 2010

Respirez, La méditation pour les ados et leurs parents, Eline Snel, Les Arènes, 2015

Les dix philosophes incontournables du bac philo, Charles Pépin, Éditions 84, 2011

Sitographie

www.lafabriqueabonheurs.com

www.audrey-akoun.com

Audrey propose des coaching Ikigaï pour les lycéens et étudiants pour les aider à booster leur confiance en eux et trouver leur voie.

www.heuristiquement.com

Blog de Philippe Boukobza à propos de la pensée visuelle, du Mind Mapping, de la créativité et de l'innovation. Et sa version anglaise : www.visual-mapping.com

www.lesbonsprofs.com

Plein de cours en ligne avec des vidéos courtes et sympas, des QCM, des exercices entièrement gratuits.

Et si tu veux aller plus loin, tu peux payer pour avoir un prof qui va t'aider directement.

www.viacharacter.org/survey/account/register

Pour faire le test des talents

Twitter :

@isapailleau

Instagram :

@audreyakoun

@isapailleau

Composition et mise en pages
Nord Compo à Villeneuve-d'Ascq

Dépôt légal : février 2021
Imprimé en France par CPI Brodard et Taupin
en février 2021
N° d'impression : 3041424

Cet ouvrage est imprimé sur du papier bouffant 56 g
Novel main de 2, papier issu de forêts gérées durablement.